KB243121

거미의 생활

45

학생과학문고 편찬회

한국독서지도회

책머리에

오늘날 우리는 온갖 문명의 편리를 누리며 살고 있습니다. 버튼만 누르면 지구의 반대편 사람과도 얼굴을 보고 이야기하고, 인공 위성을 타고 우주 여행을 하고, 복제양을 만들어 내는 등 예전에는 상상도 못했던 일들이 일어나고 있습니다. 이러한 모든 일들은 과학의 힘으로 이루어지고 있습니다.

과학의 발달은 곧 인류 문명 발달의 역사라 할 수 있습니다. 과학의 발전 없이는 국가의 발전을 기대할 수 없습니다. 오늘날 세계의 강대국이라고 자타가 인정하는 나라들은 모두 과학 발전에 엄청난 힘을 기울이고 있습니다. 왜냐 하면, 과학 기술의 발달은 국가 안보와 경제 발전, 그리고 국민 복지 향상의 척도이기 때문입니다.

제2차 세계 대전 후 선진 공업 국가들은 막대한 연구비를 투자해 가며 과학 기술의 우위를 차지하려고 노력해 왔습니다. 그 결과 오늘날에는 반도체를 중심으로 한 전자 공업, 컴퓨터를 중심으로 한 정보 산업, 생명 공학 등의 첨단 과학 기술이 선진국과 후진국을 판가름하는 기준이 되기에 이르렀습니다.

그런데 이러한 과학 기술의 발전은 단시일 내에 이루어지는 것이 아닙니다. 과학자들의 꾸준한 연구와 인재 양성, 그리고 과학 기술 전반에 걸친 국민적 관심이 있어야만 가능합니다.

특히, 자라나는 2세들을 위한 과학 교육은 어려서부터 자연과 접촉하며 호기심과 흥미를 갖는 데서부터 시작됩니다. 이러한 호기심이 문제를 해결하고 보다 큰 창의력으로 발전해갈 때 이것은 곧 미래에 훌륭한 과학 기술을 연구, 발전시키는 밑거름이 되는 것입니다.

이 책은 학생들이 과학 공부를 하는 데 더없이 좋은 학습 참고서가 될 것이며, 과학 기술에 대한 흥미와 관심을 갖는 데 많은 도움을 줄 것입니다. 또한, 과학에 대한 올바른 지식과 합리적이고 논리적인 사고력을 길러, 창의력을 갖춘 미래의 훌륭한 과학자로서의 자질을 갖출 수 있도록 노력했습니다.

부디 이 책을 통해 미래의 훌륭한 과학자들이 많이 배출되기를 기원해 마지않습니다.

편집자 씀

차례

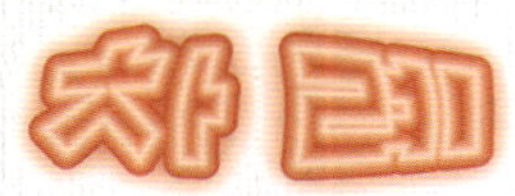

거미 연구의 자세

● 어떻게 연구할 것인가 · 12

왕거미 관찰하기

● 왕거미의 그물 · 44

자연 연구의 즐거움

● 거미 연구의 즐거움 · 70

거미의 생태 연구

● 왕거미의 연구 · 78

 거미의 공중날기

● 거미의 낙하산 부대 · 106

 거미의 종류와 생활

● 거미의 종류 · 120

거미 연구의 자세

어떻게 연구할 것인가

● 곤충이 아닌 거미

거미를 곤충이라고 생각하는 사람들이 뜻밖에도 많다. 그러나 거미와 곤충은 몸의 구조나 진화의 과정이 상당히 달라서 비교적 관계가 먼 동물이다.

거미와 관계가 가까운 동물로는 전갈·진드기, 그리고 살아 있는 화석이라 불리는 투구게를 들 수 있다.

거미와 곤충은 분류학상으로는 절지 동물에 속한다. 그런 뜻에서는 거미와 곤충은 같은 무리이다. 절지 동물에는 거미나 곤충 외에 새우·게·지네 등도 포함된다.

🔺 거미는 곤충만 잡아먹는 육식 동물로 곤충과는 다른 무리에 속한다.

그러므로 거미와 곤충 사이에는 새우나 게가 곤충과 다른 것만큼의 차이가 있다고 할 수 있다.

거미의 가장 오래 된 화석은 지금으로부터 약 4억 년 전인 고생대 데본기의 지층에서 발견되고 있다. 거미는 그 무렵부터 번성하기 시작했던 것 같다.

거미의 먼 조상은 고생대에 바다에서 살고 있던 삼엽충과 같은 생물이라고 한다. 그 무리 중의 어떤 것이 투구게나 바다전갈로 진화하고, 이 바다전갈의 조상 가운데서 생활의 터전을 육지로 바꾼 것이 거미·진드기·전갈 등으로 진화했다고 생각되고 있다.

거기서 더 옛날로 거슬러 올라가면 곤충이나 새우, 게 등이 갈라져 나오기 전의 보다 더 원시적인 절지 동물 공통의 조상이 있었을 것이다. 이처럼 생물은 어떤 공통의 조상을 근본으로 해서 새로운 종류가 태어나는 것이다.

● 거미와 곤충의 몸의 차이

거미와 곤충의 몸을 비교해 보면, 먼저 몸의 구분이 다르다는 것을 알 수 있다. 곤충은 몸이 머리·가슴·배의 세 부분으로 나누어져 있다. 그러나 거미의 몸은 머리가슴과 배의 두 부분으로 나누어져 있으며, 머리가슴은 머리와 가슴의 경계가 없이 한 부분으로 되어 있다.

또 곤충의 몸에는 마디가 있지만, 거미는 다리 등 일부분을 제외하고는 마디가 없다. 또, 대부분의 곤충은 날개가 있으나 거미는 날개가 없으며, 곤충의 머리에 있는 더듬이도 거미는 없다. 그 대신 거미의 머리가슴에는 더듬이다리가 한 쌍 있다.

더듬이다리는 주위의 상황을 감지하는 감각기로서 기능할 뿐 아니라, 물건을 집을 수도 있다.

다리는 곤충의 경우 6개이지만, 거미는 8개가 있다. 그리고 곤충은 겹눈과 홑눈을 갖고 있는 데 비해, 거미는 홑눈밖에 없다는 것도 큰 차이점이다.

몸 내부의 구조도 곤충과 거미는 많이 다르다. 그 중에서도 가장 특징적인 것이 호흡할 때 쓰는 기관이다.

곤충은 몸 옆쪽에 있는 기문이라는 구멍을 통해 공기를 들이마신다. 이 구멍은 기관이라는 관의 입구로 산소는 이 기관을 지나 몸 안으로 골고루 들어간다. 그러나 거미의 경우는 기관 외에 서폐라는 기관으로부터도 산소를 받아들이고 있다. 서폐는 거미만이 갖고 있는 호흡 기관으로서 폐와 같은 일을 하고 있다.

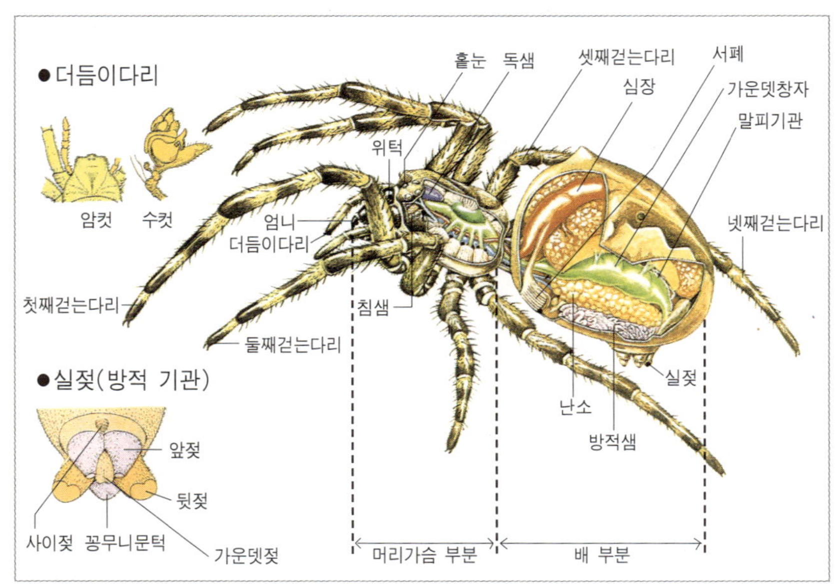

🔺 **거미의 몸**—암수 각각 몸길이, 더듬이다리 형태에 큰 차이가 있다. 수컷은 복잡한 구조로 되어 있다.

이 밖에 거미는 실이 되는 점액을 만들어 내는 실샘이라는 기관과, 실을 내는 실젖이 배에 있으며, 위턱에는 독샘이 있다.

물론 곤충 가운데에도 실을 내거나 독을 갖고 있는 것도 있다. 나비나 나방의 애벌레는 입으로 실을 내지만, 벌은 배에 독샘을 갖고 있다. 그러나 이것들은 거미와는 기원이 전혀 다른 기관이다.

또한 대부분의 곤충은 어른벌레가 될 때 탈바꿈을 하지만, 거미는 탈바꿈을 하지 않는 것도 거미만의 특징이다. 그리고 입은 있지만 먹이를 씹을 수는 없다. 먹이를 발견하면 이빨로 먹잇감을 찔러 몸 속에 소화액을 분비해 녹여서 빨아먹는다.

● 거미라는 이름의 동물

거미는 우리 주변에서 흔히 볼 수 있음에도 불구하고 사람들에게 그리 문제시되고 있지 않은 동물 중의 하나이다.

그 첫째 이유는 거미가 인간에게 소용되지 않기 때문이다.

거미는 실(줄)을 내지만 이 실은 직물에 이용할 수도 없다. 또 약으로도 별로 이용되지 않는다. 이처럼 소용되지 않는 것이 사람으로부터 문제시되지 않는 이유의 하나이다.

둘째 이유는, 거미가 우리 사람에게 소용되지 않는 대신 그리 큰 해악도 주지 않기 때문이다. 쥐나 벼룩이나 그 밖의 해충과 같은 것은 인간에게 해를 끼치므로 특별히 주의를 하게 되지만 거미는 그렇지 않다.

셋째는, 사람의 흥미를 끌 수 있는 성질을 하나도 가지고 있지 않은 점이다. 나비나 새와 같이 아름다운 모습이나 울음소리도 갖고 있지 않으며, 또 곤충같이 갖가지 재미있는 모양을 하고 있지도 않다. 그러므로 특히 인간에게 사육되거나 또 채집되어서 표본으로 되는 일도 없다.

넷째는, 사람이 좋아하지 않는 못된 성질만 많이 가지고 있는 점이다. 그 생긴 모습만 해도 영 기분이 좋지 않다. 당장 달려들어 물 것만 같다. 또 아무 곳에나 그물을 제멋대로 친다. 사는 방법 또한 눈에 띄지 않는 그물을 치고서 연약한 벌레들을 붙잡아 꽁꽁 묶어 생피를 빨아먹고, 게다가 같은 무리끼리 서로 싸움을 하여 진 쪽을 잡아먹는 등 우리 사람들이 그리 좋아하지 않는 성질을 많이 가지고 있다.

이렇기 때문에 어른들은 거미를 그리 좋아하지도 않고 관심을 갖고 지켜 보지 않는지도 모르겠다. 그러나 어쨌든 어린이들은 약간의 호기심을 보이고 있다.

그러나 어린이에게 있어서도 그것은 겨우 거미줄을 이용하여 잠자리나 매미를 잡기 위해 거미줄을 찾아다니거나, 지방에 따라서는 곧잘 거미 싸움을 붙이는 놀이를 하는 정도이다.

그렇지만 거미에 대하여 조금만 주의 깊게 관찰해 본다면 실로 재미있는 동물임을 알 수 있다.

관찰한다고 해도 돋보기로 거미의 몸이나 다리를 하나하나 들여다보는 부질없는 짓이 아니고, 거미의 생활을 조사하는 것이다.

이것은 매우 재미있는 일이다. 특히 과학에 흥미 있는 사람, 곤충이나 그 밖의 동물에 대해서 흥미 있는 사람이라면, 한 가지의 조사에서 다음 다음으로 거미의 여러 생활을 조사해 보고 싶어할 것이다.

그리고 이처럼 재미있는 거미의 생활이 왜 사람들에게서 외면되어졌을까 하고 의구심이 생길 것이다.

🔺 거미는 거미줄로 상대를 꽁꽁 묶어 놓고 체액을 빨아먹는 습성이 있다.

백문이 불여일견이라고, 여러분이 이제 직접 관찰해 보면 알 수 있을 것이다.

그러면 '무엇을 관찰하는 것이 좋을까?' 하는 것이 문제가 된다. 이에 대해서는 걱정하지 말자. 다음에 상세히 그것에 대해 가르쳐 주겠다.

그런데 이 관찰에 들어가기 전에 한 가지 미리 말해 놓을 것이 있다. 그것은 다름이 아니라, 여러분이 거미의 관찰을 착실히 마치면 여러분은 자연의 신으로부터 무엇인가 반드시 훌륭한 표창을 받게 될 것이 틀림없을 거라는 것이다.

그러면 그 표창이라는 것이 무엇인지, 다음에 여러분이 그 표창을 가져오게 될 때에 천천히 말하기로 하겠다.

● 연구할 때의 주의 사항

무엇을 관찰하면 재미있을지에 대해서 이내 설명할 생각이 었으나, 그 전에 역시 또 하나 말해 놓지 않으면 안 될 중요한 것이 있다. 이것을 말하지 않으면 모처럼의 여러분의 연구가 잘 되지 않거나 소용이 없게 될 것이기 때문이다.

그것은 바로 소년 소녀 과학자로서 연구해 가는 데 주의하지 않으면 안 되는 중요한 사항들이다. 우선 여기서부터 이야기해 나가기로 해 보자.

첫째, 이것은 특히 주의가 산만한 사람에게 필요한 당부이다. 시작하면 될 텐데 '요 다음에 해 보자'라는 식으로 연구를 미루어 나가서는 안 된다는 것이다. 그러니까 지금부터 관찰의 안내를 읽은 후 재빨리 시작하지 않으면 안 된다.

둘째, 중요한 것은 관찰한 사실을 이내 기록해 놓는 일이다. 즉 관찰을 할 때에는 기록장과 연필을 지참하고 그 현장에서 바로 기입해야 한다.

이렇게 하지 않고 여러 가지를 대충 모두 다 보고 나서 집으로 돌아와 기입하려고 하면 아무리 머리가 좋은 사람이라도 기록을 빠뜨리거나 또는 틀리게 되는 것이다.

그러므로 우선 그 현장에서 본 그대로를 기입해 놓은 다음 집에 돌아와 이것을 다시 정리한다.

셋째, 연구한 것을 써서 제출할 때의 주의 사항이다. 자기가 조사한 사실과 다른 책을 읽고서 알게 된 내용, 또는 다른 사람으로부터 들은 내용 등을 확실히 구별하여 기입하지 않으면 안 된다.

가령 '무슨 책에서 읽었지만……라고 하는 것이다'라든가,

🔺 거미는 끈끈한 점액을 배출하여 거미줄을 만든다.

'누구로부터 들었지만……인 것 같다'라는 등, 자기가 조사한 것이 아니라는 것을 똑똑히 분명하게 기입해 두는 학습 자세가 중요하다.

처음으로 자기의 연구를 써서 제출할 때에는, 아마 그것을 될 수 있는 대로 훌륭하고 완전한 것으로 만들겠다는 지나친 과욕으로 인해 가끔 다른 사람의 지식을 빌려 와서 자기가 직접 조사하고 관찰한 것인 양 그럴 듯하게 기입하는 사람이 있다.

이것은 매우 잘못된 생각이다. 여러분은 거미의 이야기를 하는 것이 아니라 자기가 조사한 것을 선생님에게 알리기 위해 쓰는 것이므로 조사한 것만으로도 충분하다.

또 여러분이 조사하는 것은 '자연'이지, 결코 '문서'가 아니다. 그러므로 문서를 읽고서 답을 쓸 필요는 없다.

🔺 응달거미―거미의 실은 배 끝에 있는 방적돌기에서 나온다.

이에 대해서 여러분이 잘 음미하지 않으면 안 될 일은, '자연이란 책은 인간이 쓴 어떤 책보다 정확하고도 상세하다'라고 말할 수 있다는 것이다.

넷째, 연구에 열심인 사람에게는 전혀 필요 없는 주의이지만, 숙제를 내지 않으면 성적 점수를 받지 못할 것이라고 생각하고서 제멋대로 써 내는 사람이 가끔 있다.

이것은 가장 좋지 못한 일이다. 제멋대로라면 쓰지 않는 것이 좋다. 또 그처럼 고의적으로 하는 일이 아니라고 하지만 자기가 보지 못한 것이나, 무엇인가 재미있는 것 같은 것을 제멋대로 상상하여 그것을 실제로 본 것처럼 쓰는 사람도 가끔 있다. 이것 역시 좋은 일은 아니다.

관찰하지 못한 것이나 관찰하지 않은 것은 쓸 필요가 없다. 그리고 정직한 사람이라면 그러한 것은 애초부터 쓰지도 않을 것이다.

이제 처음으로 동물의 생활을 자세히 조사하려고 하는 여러분에게, 연구와 정리에 대해서 필요한 주의가 끝났다. 지금부터 뒤로 미루어 놓은 일에 대해서 이야기하기로 하자.

● 거미의 그물에 대해서

거미집이란 말은 과학적으로 올바른 호칭이 아니다. 그것은 결코 휴식을 취하는 거미의 집이 아니다. 그것은 굶주림을 채워 줄 먹이를 잡기 위한 그물인 것이다.

모든 거미들이 실을 뽑아 내지만 일부분의 거미만이 실로 거미줄을 친다. 거미의 실은 배 끝에 있는 방적돌기로부터 나온다. 방적돌기에는 작은 관이 무수히 많이 나 있으며, 관안의 끈적끈적한 점액이 밖으로 나오면서 공기에 닿으면 굳어져서 거미줄이 된다. 이 거미줄은 머리카락보다 가늘며, 단백질로 구성되어 있다.

거미의 몸 안에는 실샘이라고 불리는 점액을 만들어 내는 곳이 있다. 어떤 거미는 7종류의 실샘을 가지고 있기도 하지만 보통은 3~5종류의 실샘을 가지고 있다.

각각의 실샘의 기능은 모두 다르며, 만들어지는 거미줄도 모두 다르다. 어떤 실샘에서 만들어지는 거미줄은 끈끈하고, 어떤 것은 굵다.

거미는 거미줄을 여러 가지 용도로 사용한다. 먹이를 잡을 때나 집을 만들 때, 이사를 할 때, 경고를 보낼 때, 그리고 때로는 통신 수단으로 이용하기도 한다. 특히 높은 곳에서 낮은 곳으로 내려갈 때는 거미줄을 사용하여 안전하게 이동한다.

거미줄은 거미에 따라 모두 모양이 다르다. 삼각형인 것은 부채 그물이라고도 하며, 둥근 그물이 변형된 그물이다.

조각 그물은 완성된 둥근 그물이 아니고 3가닥의 세로실에 둘러싸인 2구획에 가로실이 없으므로 초승달 같은 모양이며, 조각그물거미·왕거미 등이 만든다.

둥근 그물은 공중에 치는 규칙적인 그물로, 왕거미·호랑거미·먼지거미 등이 만든다.

접시 그물은 거미줄이 불규칙하게 펼쳐져 전체 그물 모양은 접시 모양 또는 사발 모양으로 되며, 접시거미류가 만든다.

선반그물은 거미줄이 불규칙한 선반 모양으로 담장이나 가구류의 사이에 치며, 주로 선반거미·들풀거미가 만든다.

이 밖에 불규칙한 줄 그물·불규칙 그물·천막 그물 등이 있다. 어떤 거미줄은 복잡해서 거미가 그 안에 들어가 숨을 수도 있고, 빛을 반사해 사냥감을 유인하기도 한다.

유일하게 물 속에 사는 물거미는 물 속의 물풀 사이에 동굴 모양으로 거미집을 만든다. 그리고 물 위로 올라와 몸털 사이에 공기 방울을 붙여 물 속의 집까지 운반한 다음, 집 안에 공기를 채워서 생활한다.

거미는 거미줄을 칠 때, 설령 그 곳이 거미줄을 치기 어려운 곳이라도 먹이를 잡기 쉬운 곳에 친다.

이번에는 왕거미의 그물에 대해 살펴보기로 하자.

이 왕거미만을 조사하는 까닭은, 다음에 여러분의 연구를 교실로 가지고 갔을 때 왕거미에 대해서 여러 가지를 다시 연구할 수 있기 때문이다.

🔺 거미줄의 모양은 거미의 종류에 따라 그 생김새가 다르다.

🔺 왕거미가 쥐며느리를 잡으려 하고 있다.

그리고 왕거미는 여러분이 살고 있는 집 주위에 많이 살고 있는 거미로서 여러분이 가장 쉽게 발견할 수 있고, 또 비교적 커서 조사하기가 쉽기 때문이다.

찾아 낸 그물에 거미가 없다고 해도 그 그물이 왕거미의 그물인지 아닌지를 조사해 가는 동안에 파악할 수 있기 때문에 걱정할 필요는 없다.

● 왕거미의 특징

유감스러운 일은 이 책 속에서는 살아 있는 거미를 보여 줄 수 없다는 점이다. 그래서 조금 설명해 보기로 한다.

왕거미의 크기(다리는 재지 않는다. 앞으로 말하는 경우도 몸통만을 말한다)는 충분히 성장했을 때에 17.8밀리미터가 된다. 수컷은 조금 작아서 15밀리미터 정도부에 되지 않는다.

새끼는 물론 더욱 작다. 색깔은 보통 거무스름하고, 약간의 갈색을 띤다.

배 부분의 앞쪽 양 편에는 작은 혹과 같은 것이 툭 튀어나와 있다. 배에는 검은 무늬가 있는데, 그 무늬는 일정하지 않다. 그러나 양쪽에는 반드시 전광형의 줄이 있다.

이 설명으로 왕거미에 대해서 어느 정도 알았을 것으로 생각한다.

왕거미는 산이나 숲에 있으며, 또 매우 흔하게는 인가 부근에 살고 있으므로 우선 자기가 살고 있는 집 주변에서 찾아보도록 한다. 그 곳에서 비교적 단단한 느낌의 대형 그물이 발견되면 대개 이 거미가 만든 것이라고 생각해도 크게 어긋나지는 않을 것이다.

● 세 가지 관찰

그물을 발견했다 하여도 그물에 반드시 거미가 있다고 단정할 수는 없다. 설령, 있다고 해도 움직이지 않고 숨어서 먹이가 걸리기를 기다리고 있는지, 또는 운이 좋게도 그물을 만들고 있는 것인지도 알 수 없다.

하여간 여러 가지에 대해서 조사하여야겠지만, 여러분이 처음으로 발견한 그물에 거미가 있거나 없거나 또는 무엇을 하고 있어도, 어느 것이나 조사할 수 있도록 세 가지 경우를 모두 다 기록해 놓도록 하자.

거미가 없는 그물이라면 다음에 씌어 있는 '그물만 있고 거미가 없을 때'인 곳을, 거미가 가만히 있다면 '그물에 거미가 있을 때'인 곳을, 그리고 그물을 만들고 있으면 '그물을 만들 때'인 곳을 읽고서 그와 같이 보아 가면 된다.

첫번째 관찰이 다음의 어느 것에 해당된다고 해도 그것이 끝났을 때에 여러분은 왕거미가 매우 재미있는 동물이라는 것을 알게 될 것이다.

그리고 아직 남아 있는 부분을 두 번째로 조사해야 하겠지만, 두 번째 찾았을 때 최초와 같은 경우에 부딪혀도 또 한 번 같은 일을 조사해 보는 것이 좋을 것이다. 반드시 앞에서 생각하지 못한 것이 발견되거나, 또는 앞서와는 다른 것이 발견될지도 모르니까. 특히 거미나 그물의 크기가 다를 때에는 되풀이해서 조사해 보는 것이 중요하다.

이 세 가지 관찰은 모두 다 매우 재미있는 일이다. 특히 그물을 치는 모양을 보게 되면 여러분은 반드시 놀라게 될 것이다. 다만, 그물 치는 모양을 보려면 약간의 노력이 필요하겠지만 말이다.

그러면 여러분이 관찰해 나가는 데 형편이 좋은 차례로 번호를 붙여 놓았으므로, 이 차례에 따라서 하나씩 조사하고, 조사한 것은 이내 노트에 기록해 나가도록 한다.

그물의 크기를 재어야 하니까 관찰을 하러 갈 때에는 자를 꼭 준비하도록 한다.

그물만 있고 거미가 없을 때

① 단락의 줄은 몇 가닥 있는가? 테두리의 모양은 대체로 삼각인가, 사각인가, 아니면 다른 모양인가?

② 울타리줄은 몇 군데에 붙어 있는가?

③ 그물이 수직으로 쳐져 있는가? 수평인가? 그렇지 않으면 비스듬히 기울어져 있는가?

④ 그물의 대강의 크기를 세로와 가로로 재어 본다.

⑤ 날줄(세로줄)은 몇 가닥인가? 틀리지 않도록 두 번 세어 본다. 다음에 그물의 윗부분과 아랫부분의 날줄을 각각 세어 본다. 어느 쪽이 많은가?

【주의】 나눌 때는 어떤 눈대중을 정해 놓는다. 양쪽 가로의 것은 한쪽은 위로, 다른 쪽은 아래로 셈한다. 또, 위의 수와 아래의 수의 합이 전체의 수에 맞는가를 확인한다.

🔺 **파랑거미의 거미줄**―그물 중심에서 나뭇잎에 만들어진 집까지 진동을 전달하는 신호실이 쳐 있다.

⑥ 씨줄(가로줄)의 수를 조사해 본다. 중심 위에서 몇 가닥인가? 가로는 몇 가닥이고, 아래에는 몇 가닥이 있는가? 어디에 가장 많이 있는가? 가닥 수를 똑똑히 세어 보기가 어렵지는 않은가?

⑦ 백대가 있는가? 만일 있다면 어떤 모양인가?

⑧ 그물은 어디에나 끈끈하게 잘 달라붙는가? 여기저기 가만히 막대를 대어 본다.

⑨ 끈적거리지 않는 곳이 있는가? 있다면 어디이고, 또 어느 줄인가? 한 곳뿐인가? 여기저기 잘 조사해 본다.

⑩ 끈끈하게 잘 달라붙는 실과, 달라붙지 않는 줄이 있었을 것이다. 그 양쪽을 잘 살펴보면 다른 점이 있을 것이다. 돋보기를 사용하면 잘 알 수 있다.

⑪ 이로써 그물의 관찰이 대강 끝나게 된다. 이번에는 거미를 찾아보자. 단락의 줄이 붙어 있는 곳을 차례차례로 더듬어 보자. 거미는 어떤 곳에 숨어 있는가? 이렇게 하여 발견되었다면 그 곳이 진짜 거미집이다.

⑫ 거미의 크기는 대체로 어느 정도인가?

⑬ 거미의 색깔과 숨어 있는 곳의 색깔에 대해서 어떠한 것을 생각할 수 있는가?

⑭ 거미는 어떤 자세를 취하고 있는가? 특히 다리의 위치를 주의해 보고 무엇 때문에 그러한 자세를 취하고 있는지 살펴본다.

⑮ 만일 여러 곳을 찾아보아도 거미가 발견되지 않는다면 그물 한 부분에 가는 막대를 대고서 가만히 흔들어 보자.

⑯ 거미가 기어 나왔는가? 어떤 곳에서 기어 나왔는가? 거미가 되돌아갈 때 특히 주의하여 관찰해 보자(거미가 그물에 나올 때를 틈타 그물에 있을 때의 모습을 관찰할 수 있다).

그물에 거미가 있을 때

① 거미는 어디에 있는가?

② 머리를 어느 쪽으로 향하고 있는가?

③ 다음에 조금 실험한 후, 거미가 하는 여러 가지 일을 조사해 보려고 하지만, 그 이전에 이 거미의 그물을 조사해 놓도록 하자.

④ 다음에 앞으로 할 실험 동안에, 거미는 그물 안을 여기저기 기어다니게 되는데, 그 때 거미는 주로 어느 줄을 밟고 건너다니는지 주의해 살펴보자.

⑤ 그물의 어느 곳에 무엇을 붙여 보는 실험을 한다. 낙엽·풀 조각·작은 나무 조각·마른 종이 조각 등 어느 것이라

🔺 게거미는 민들레꽃 속에 몸색깔을 위장해 숨어 있다가 곤충이 다가오면 재빨리 쫓아가 덮친다.

도 좋으니 그물에 붙여 본다. 이것은 거미가 먹지 못하는 것
이다. 하지만 거미는 이것들을 어떻게 하는가?

　만일 거미가 무엇이 달라붙었다는 것을 느끼지 못했다면 약
하게 입으로 불어 보거나 가는 막대로 찌르거나 하여 움직여
보는 것이 좋다. 가장 좋은 방법은 처음에 이들 물체를 그물
에 던져 보는 것이 좋다.

　그러면 거미는 어떻게 되겠는가? 재미있는 일을 볼 수 있을
것이다. 한 번 실시해 보고 다른 재료를 사용하여 또 한 번
실시해 보자.

🔺 먹이를 잡은 거미―곤충이 완전히 움직일 수 없게 되면 체액을 빨아먹는다.

⑥ 다음에 이들 물체의 일부분을 혀로 조금 핥은 다음 붙여 보자(전체가 젖으면 달라붙지 않는다). 어떻게 되었는가?

⑦ 이번에는 살아 있는 작은 벌레나 파리 정도 크기의 곤충을 잡아와서 거미줄에 던져 넣어 보자. 이것은 거미의 진짜 먹이다. 거미는 어떻게 할까?

⑧ 다음에는 조금 대형인 벌레로 고추잠자리 정도의 크기가 좋을 것이다. 메뚜기도 좋고 나비도 상관 없다. 이것을 그물에 붙여 준다. 벌레가 팔딱팔딱 날뛰면 거미는 이내 알게 된다. 거미가 파리일 때와 어떤 다른 행동을 하는지 잘 관찰해 보자.

⑨ 거미는 여러분이 놀랄 만한 방법으로 벌레를 잡을 것이다. 그것이 끝나면 금방이라도 좋고, 또는 거미가 운반해 가고 난 후라도 좋으므로 또 한 마리 같은 크기의 벌레를 거미줄에 붙여 보자. 먹이를 먹으려던 중이므로 새로운 먹이 따위는 그대로 내버려 둘까? 그렇지 않으면 먹는 일을 뒤로 미루고 새로운 먹이를 먼저 잡아 둘까?

⑩ 이것으로 먹이를 잡는 방법의 관찰은 끝난다. 다음에 다른 종류의 거미로 같은 관찰을 해 보는 것도 재미있을 것이다. 그러나 지금은 조금 더 이 거미에 대해서 살펴볼 일이 있다.

　　우선, 막대를 준비하여 이것으로 거미를 살짝 건드려 보거나 찔러 보자. 달아날 때는 조금 세게 찔러 본다. 또는 거미가 으깨어지지 않도록 가볍게 두들겨 보자. 여러 번 하면 마침내 거미는 어떻게 될까?

⑪ 거미의 모습을 잘 관찰해 보자. 잠시 동안 계속해서 관찰해 보자.

그물을 만들 때

여러분은 지금까지 열심히 거미를 찾아 돌아다녔으나 왕거미가 그물을 치는 것은 좀처럼 보지 못하였을 것이다.

그 까닭은 거미는 일하는 시간이 정해져 있기 때문이다. 그물만 있고 거미가 없을 때의 관찰에서 알 수 있는 바와 같이, 왕거미는 낮에는 쉬고 있다. 아마 집 안에 들어가 잠자고 있는 것인지도 모른다.

또 만일 그물에 거미가 있는 것을 관찰하였다면 그 시간은 아마 아침 일찍이나 흐린 날의 오전 중이었을 것이다.

이러한 사실로도 짐작할 수 있듯이, 왕거미는 밤에 일을 한다. 따라서, 왕거미가 그물 준비를 하는 것은 저녁 때부터이다.

그러므로 관찰을 시작하는 시간은 학교에서 돌아온 뒤로도 충분하다. 그 때는 마침 나방이 돌아다닐 때인데, 조금 괴로운 일이지만 모기 등에 견디면서 관찰해 보도록 한다.

이 관찰은 소년 소녀 연구자에게는 실로 훌륭한 구경거리라는 것을 되풀이해서 말해 놓는다.

아무튼 왕거미는 항상 같은 곳에 살고 있으며, 매일 같은 장소에 그물을 친다. 그물의 방향 등은 그 날의 조건에 따라 바뀌지만, 거미가 늘 같은 곳에서 일하고 있다는 사실은 우리들이 관찰하기에 매우 편리해서 좋다.

그러므로 낮에 거미가 없는 그물을 보았다 하더라도 거미가 숨는 곳을 확인해 놓은 후 저녁에 다시 가 보도록 한다.

만일 여러분 집 주변에 이 거미가 없을 때에는 다른 곳에서 잡아다가 관찰하기 편리한 곳에 놓아 두면 된다.

경우에 따라서는 집 안의 전등이 있는 곳에 놓아 두면 일부러 바깥으로 나가지 않아도 관찰할 수 있다.

그러나 이러한 곳에 그물을 쳐 놓게 한다 해도 그 그물은 작고 본래의 제대로 된 형태의 것도 되지 않으므로, 될 수 있는 대로 바깥의 넓은 곳에서 관찰한다. 거미가 충분히 움직일 수 있도록 해야만 훌륭한 그물이 되며, 따라서 훌륭하고도 충분한 관찰도 할 수 있기 때문이다.

다음에 같은 장소에 그물을 만들기 위해 왕거미는 곧잘 오래 된 묵은 그물의 발판을 이용한다. 이 경우에도 재미있는 일이 있으므로 한 번 관찰하는 것이 좋다.

🔴 이슬이 맺혀 있는 왕거미의 거미줄—왕거미는 야행성으로 밤에 활동한다.

발판이 되는 울타리줄을 새로이 치지 않는다는 것이 다를 따름이고, 날줄로부터 다음의 일하는 모습은 처음부터 새로 그물을 칠 때와 마찬가지이다.

그러나 이 관찰만으로는 한 가지 가장 재미나는 문제를 놓쳐 버릴 수도 있다. 즉 거미가 최초의 울타리줄을 어떻게 해서 치는가 하는 문제, 날개가 없는 거미가 어떻게 해서 공중에 줄을 건네 주는가 하는 재미있는 문제를 빠뜨려 버릴 수 있다.

간혹 거미의 그물이 작은 시내나 웅덩이 위 등에 쳐져 있

🔺 **왕거미의 거미줄**—바람을 이용해 나뭇가지에 실을 붙인 다음에, 그 실을 발판실로 하여 가로실과 세로실을 친다.

는 경우가 있다. 그 경우, 거미가 건너편으로 건너가지 못할 것은 뻔한 일이다.

왕거미의 경우도 마찬가지이다. 도대체 이쪽 2층의 처마에서 이웃집의 2층으로 그물이 쳐져 있을 때, 어떻게 해서 최초의 한 가닥을 쳤을까? 조금 상상하기 어려운 문제이다.

그런데 거미는 이 어려운 작업을 훌륭히 해치우는 것이다. 사람들도 생각할 수 없는 그 일을 거미가 어떻게 해서 해 내는 것일까?

이것은 꼭 관찰해서 알아 두지 않으면 안 되는 문제이다. 이 관찰을 하려면 오래 된 거미의 줄을 미리 저거하지 않으면 안 된다.

그러므로 거미가 오래 된 줄을 이용하지 못하도록 미리 조치해 놓고, 저녁 때부터 관찰에 들어가도록 한다.

오래 된 그물을 이용할 경우

① 관찰한 날짜와 시간·날씨·거미의 크기 등을 노트에 기록한다.
② 거미가 오래 된 그물을 어떻게 정리하는지 관찰해 보자.
   - 최초에 어느 줄부터 정리하기 시작하는가? 바깥쪽으로부터인가, 안쪽으로부터인가, 그렇지 않으면 차례도 없이 닥치는 대로 해치우는지 그 모양을 노트에 기록한다.
   - 제거한 줄을 거미는 어떻게 하는가?
   - 거미는 얼마만큼의 줄을 남기는가?

우선 오래 된 그물을 이용할 경우의 그물의 정리에 대해서는 이 정도의 것을 관찰하자. 줄을 치는 모양은 다음의 경우에서 관찰해 나가면 된다.

새로운 그물을 칠 경우

① 관찰한 날짜 · 시간 · 날씨 · 거미의 대체적인 크기를 기입하는 것은 앞서와 같다.

② 최초의 한 가닥의 실을 건네 주는 모양에 대한 연구이다. 이것은 경우에 따라서 다르며, 언제나 일정하게 되어 있다고는 할 수 없다. 그러나 가장 일반적으로 이용하는 방법은 참으로 우수한 방법이다. 아마 혼자서는 그 거미가 하는 묘한 방법을 생각해 내지 못할 것이다.

그러면 그것은 어떤 방법일까? 저녁 때 여러분이 조금만 수고를 하면 모두 다 알게 될 것이다.

③ 최초의 한 가닥의 줄이 쳐지면, 그로부터 위는 어떻게 해서 그물의 틀이 만들어지게 되는가? 노트에 그림을 그려서 거미가 하는 일을 차례로 기입한다.

④ 울타리줄을 치는 일이 끝나면 다음에는 날줄을 친다. 이때의 시간을 노트에 기입한다. 여기서 특히 주의해서 관찰할 일은 거미가 많은 날줄을 다음 다음으로 쳐 가는 차례이다. 이것은 그려 보는 것만으로는 아무리 주의한다고 해도 어느 것이 몇 번째 쳐진 것인지 쉽게 알 수 없다. 그러므로 거미가 그물을 치는 대로 그림을 그려서 번호를 붙여 나가는 것이 중요하다. 다음으로 끝났을 때의 시간도 잊지 않고 노트에 기입한다.

이 일을 하면서 여러분은 거미의 일하는 모습이 마치 머리가 좋은 사람이 하는 것처럼 아주 합리적이란 사실에 깜짝 놀라게 될 것이다. 게다가 노트의 그림을 나중에 천천히 조사해 보면 마침내 거미가 일을 진행하는 모양에 대해 감

🔺 가로실에는 끈적끈적한 액체가 묻어 있어서, 이 거미줄게 걸린 곤충들은 절대로 빠져 나올 수 없다.

탄하여, "거미는 슬기롭다."라고 외치게 될 것이 틀림없다.
　　그러나 조금 참아야 한다. 거미는 정말 슬기로운 동물일까? 이것은 조금 더 조사해 보지 않고서는 잘 알지 못할 것이다. 거기에 또 여러분이 깜짝 놀랄 일은 앞으로도 많이 있기 때문이다.

⑤ 날줄을 다 치게 되면 그 일부분을(거미가 놀라지 않도록 주의해서) 막대로 가볍게 대어 보자. 역시 끈끈하게 달라붙는 성질이 있음을 알게 될 것이다.

⑥ 날줄을 완성한 다음에 거미는 무슨 일을 할까? 또 그 일을 함으로써 무엇이 생길까?

⑦ 다음에 어떤 줄을 어떤 곳에 어떤 모양으로 치는가를 관찰해 본다.

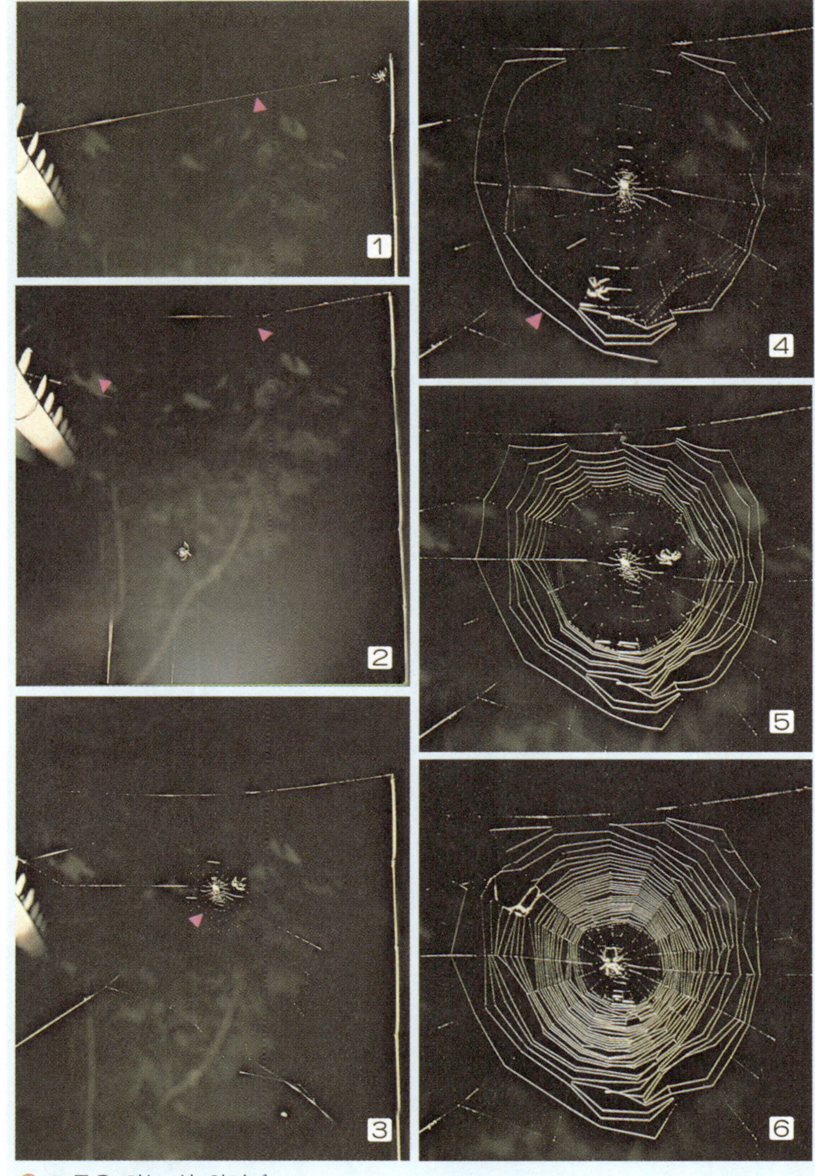

🔺 그물을 치는 산 왕거미

① 첫 실을 치고 왔다갔다 하며 실을 질기게 한다.

② 거미줄의 뼈대가 될 날실을 걸쳐 나간다.

③ 뼈대가 되면 이를 발판으로 씨실을 친다.

④ 가는 실로 된 발판을 이용해 굵은 씨실을 친다.

⑤ 발판실을 치우면서 찐득한 씨실을 친다.

⑥ 왕개미의 거미줄이 멋지게 완성되었다.

⑧ 마침내 씨줄을 치기 시작하면 다음 사항에 주의한다.

- 어디서부터 시작했는가? 안쪽에서부터인가, 바깥쪽에서 부터인가?
- 몇 겹으로 쳤는가?
- 줄과 줄 사이는 어느 정도 떨어져 있는가?
- 이 줄은 무엇이든 끈끈하게 잘 달라붙는가?

최초의 씨줄은 여러분이 지금까지 관찰해 온 왕거미 그물의 씨줄과는 모양이 매우 다르게 되어 있다.

거미는 무엇 때문에 이러한 실을 치는 것일까? 그것은 관찰이 진행되면 저절로 알게 될 것이다.

⑨ 이 씨줄을 치는 일이 끝나면 거미는 다시 일을 하기 시작한다. 이번에는 아래의 사항들을 주의해 관찰해 보자.

- 어디에서부터 시작하는가? 안쪽에서부터인가, 바깥쪽에서부터인가? 또 걸리는 시간은 얼마나 되는지 시간을 기입한다.
- 줄은 어떤 모양으로 잘 다루어지는가?
- 거미는 다음의 날줄에는 어떻게 해서 건너가는가?

  −그럼, 알았을 것이다. 최초에 쳐진 씨줄의 뜻을.

  −최초의 씨줄을 '발판줄'이라고 부르도록 한다.
- 새로운 줄은 무엇이든 잘 달라붙는가? 거미가 저쪽으로 갔을 때에 이쪽에서 조금 닿도록 해 브자.
- 줄이 이중으로 되었을 때에, 그 간격을 발판줄의 경우와 비교해 보자. 새로운 줄, 이것에는 아마 생각나는 점이 있을 것이다.

⑩ 이 실이 차츰 쳐져 갈 동안에 앞의 발판줄에 부딪치게 되겠지만 그 때 거미는 발판줄을 어떻게 하는가? 세심하게

관찰해 보았는가? 도대체 거미는 어찌하여 이러한 일을 하는지 생각해 보자.

⑪ 씨줄은 언제나 같은 방향인 나선상으로만 감아 가는지 거미가 하는 일을 끝까지 관찰해 보자. 씨줄이 어찌하여 아래에 많아지는 것일까? 이 관찰로 아마 명확하게 되었을 것이라고 생각한다.

⑫ 모든 일이 끝났을 때에 거미는 전체를 보기 위해 돌아다니는 일이 있는가?

⑬ 또 그물은 빈틈없이 전체에 한결같이 고르게 쳐져 있는가? 거미줄의 가운데 부근은 어떠한가?

⑭ 마지막에 거미는 어디로 가는가? 그 때의 시간은 몇 시인가? 일을 시작하고부터 얼마만큼의 시간이 걸렸는가?

🔺 동굴 속 물이 흐르는 웅덩이의 수면 위에서 거미가 변형된 동그란 모양의 줄을 열심히 치고 있다.

🔺 거미가 밤 사이에 그물을 치는 이유는 적의 습격을 피하기 위해서이다.

　이로써 거미가 그물을 치는 방법의 관찰은 끝나게 된다.

　거미가 끈적거리는 씨줄을 치기 전에, 미리 발판줄을 치는 것을 보고서 여러분은 무엇을 느꼈는가?

　거미는 이 발판줄이 없으면 순조롭게 그물을 만들지 못한다는 것을 충분히 알게 되었을 것이다.

　이런 것을 보면 거미는 마치 지혜가 있는 동물처럼 보인다. 게다가 발판줄에는 끈적거리는 줄을 사용하지 않는다는 것도, 또 끈적거리는 씨줄을 칠 때 벌레를 잡는 데 별로 소용이 없는 이 발판줄을 끊어 버리는 것도 정말 놀라운 일이 아닐 수 없다.

　그렇다면 거미는 정말로 지혜롭고 슬기로워서 앞을 내다보고 일을 하는 것일까?

　이 문제에 대한 해답은 조금 뒤로 미루어 놓자. 다음에 여러분은 거미에 대해서 여러 가지 새로운 실험을 하게 되겠지만, 그 때에 여기서 지금 말하지 않아도 여러 가지 사정을 저절로 알게 될 것이다.

　그것은 그렇고, 여러분은 이 관찰을 해 보고서 어떤 점을 느꼈는가? 그리고 여러분 중에 이미 자연의 신으로부터 표창을 받았을 것이라고 생각하는 사람도 있겠지만, 이것도 뒤에 가서 언젠가는 함께 이야기하게 될 것이다.

　그러나 지금까지 읽은 것만으로는 무엇이 무엇인가를 전혀 이해할 수 없을 것이다.

　만일 여러분이 이 책을 가지고 각각의 관찰을 해 보려고 실제로 거미줄 앞에 섰다고 하면, 이 책은 훌륭한 안내역이 될 것이다.

　다음에 여러분이 꼭 해야 할 일이 있다.

　그것은 여러분이 지금 가지고 있는 이 책을 읽는 것은 여기서 중지하고, 우선 실제로 여러분의 집 주위에 있는 왕거미에 대한 관찰을 시작하는 것이다.

　그리고 대강의 연구가 끝나고 난 후 다시 여기서부터 읽어 가는 것이 좋을 것이다. 그러면 철수네의 연구와 여러분의 연구를 비교해 볼 수도 있을 것이고, 그리고 나의 관찰에 잘못이 있다면 그것을 발견해 낼 수도 있을 것이다.

2

왕거미 관찰하기

왕거미의 그물

● 그물 만들기의 관찰

우선, 철수네의 거미 연구에 대해서 이야기해 보자.

거미 관찰에 대한 이야기가 있었던 이튿날 밤, 철수와 영희는 저녁밥을 일찍 먹고 헛간으로 나갔다.

오빠가 여러 가지를 기르기도 하고 밖에서 무언가를 잘 관찰하므로 영희도 어느 사이에 이러한 일에 흥미를 가지게 되었다. 게다가 이번의 거미 관찰에서 영희는 큰 일을 하나 맡게 되었다.

그것은 철수에게 달려드는 모기를 쫓는 일이다. 실제로 모기의 공격을 심하게 받으면 일을 할 수 없기 때문이다.

이리하여 철수는 필기용 연필과 노트, 회중 전등을 준비하였고, 영희는 1개의 부채를 준비하였다.

아버지는 아이들보다 늦게 저녁 식사를 마치고 아이들이 거미를 조사한다는 말을 듣고 뒤뜰로 나가 보았다.

차츰 어두워지기 시작한 헛간 구석에서 두 아이가 선 채로 열심히 거미를 지켜 보고 있었다.

철수는 손에 연필을 쥐고서 관찰한 것을 열심히 기입하고 있었으며, 영희는 전등으로 그물과 노트를 비추거나 부채로 모기를 쫓기도 했다.

"어떠니? 잘 관찰할 수 있니?"

아버지가 가까이 오면서 말을 건넸다.

"일찍부터 보고 있었지만 멍청히 있는 동안에 최초의 단락

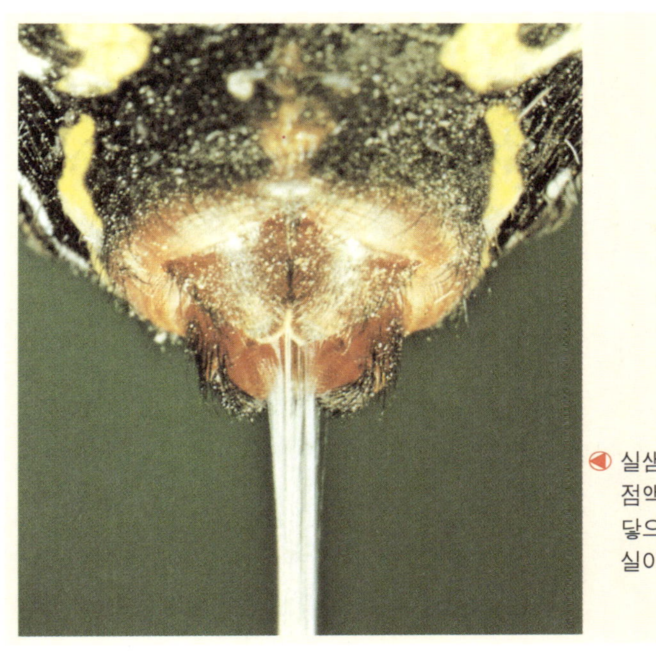

실샘에서 나온 점액은 공기에 닿으면 굳어서 실이 된다.

의 줄을 치는 모양을 놓치고 말았어요."

"허허허, 그것 참 실수를 했구나. 어쨌든 방심은 금물이야. 그러면 날줄을 치는 것부터 본 모양이지?"

"네, 매우 재미있었어요. 나는 정말 거미가 슬기로운 것같이 생각되었어요, 아버지."

"아아니, 무슨 일인데?"

"정확히 균형을 취하고서 날줄을 쳤어요."

철수는 거미가 하는 일을 관찰하면서 노트의 그림을 아버지께 보여 드렸다. 영희도 이내 회중 전등을 비쳐 잘 보이도록 했다.

"허엄! 철수야, 이것은 나중에 천천히 보도록 하자. 영희는 오늘 밤 오빠의 조수로 일하게 된 모양이군. 전등 들랴 부채로 모기 쫓으랴 상당히 힘이 들 것 같은데……."

"아니에요. 그보다 아버지, 거미가 줄을 치는 모양이 정말 훌륭했어요."

"으음, 정말 영희답게 생각하는구나."

"정말 슬기로웠어요. 그리고 아버지, 그 씨줄이 끈적끈적해서 잘 달라붙는데도 어찌해서 거미의 다리에는 전혀 달라붙지 않을까요?"

"허엄, 재미나는 것을 생각해 냈구나. 어쩌면 처음 생겼을 때에는 잘 달라붙지 않을 수도 있지 않을까?"

"아니에요. 금방 만든 것도 아주 끈끈해요."

"그러면 한 번 보자."

아버지는 거미가 금방 쳐 놓은 씨줄에 막대를 닿게 해 보았다. 그랬더니 영희가 말한 대로 끈끈해서 잘 떨어지지 않았다. 이 때 그물이 흔들리자 거미는 하던 일을 이내 중지해 버렸다.

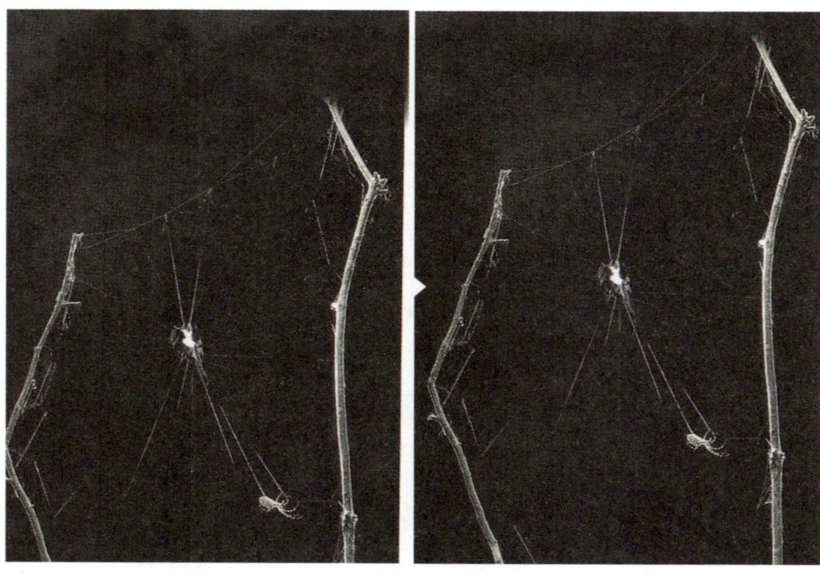

🔺 그물을 치기 시작하는 거미—맨 먼저 나무와 나무 사이에 테두리 실을 치고 중심에서 여러 방향으로 세로실을 친다.

🔺 발판실은 바깥쪽으로 갈수록 간격이 성글다.

"아무래도 무엇인가 다리에 장치가 있는 것이 아닐까?"

"나중에 학교에 가서 현미경으로 조사해 볼래요."

"그래, 그것이 좋겠다."

거미는 다시 일을 하기 시작했다.

"과연 실을 잘 붙이는구나. 야아! 이게 발판줄인가 보다. 매우 거칠구나. 철수야, 이것은 어떻겠니? 조금 끈적거리지 않겠니?"

"끈끈하지 않아요. 그리고 아버지, 씨줄이 아래에 많은 까닭을 알았어요. 거미는 가끔 되돌아가서 아래쪽에서 많이 걸었어요. 저것 보세요. 여기서 되돌아가고 있지 않아요?"

회중 전등의 빛 때문에 그물의 줄이 한결 잘 보였다. 그물은 이미 절반 정도 완성된 곳에서, 바깥쪽에는 가는 씨줄이 쳐졌고, 거미는 그 안쪽에서 아직도 줄을 치는 일을 계속하고 있었다.

그 안쪽에는 또 몇 가닥의 발판줄이 아직 남아 있었다.

🔺 거미줄이 완성되면 거미는 적이나 먹잇감의 눈에 띄지 않게 숨어 있는다.

아버지도 철수랑 영희와 함께 거미가 일하는 모습을 자세히 조사하고 있었는데, 거미는 더욱더 가는 줄을 교묘히 타고서 씨줄을 걸고 있었다.

한 가닥의 날줄에서 다음의 날줄로 건너갈 때에는 앞에 친 끈끈한 씨줄에는 조금도 닿지 않고, 언제나 조금씩 전진하여 발판줄을 타고 이동했다.

"과연 그렇구나. 이것이 없으면 일일이 가운데까지 가지 않으면 안 될 텐데, 정말 슬기롭게 일을 하고 있구나."

그 때 철수가 주의 깊게 거미를 보면서 말했다.

"아버지, 거미가 발판줄을 끊고 있어요."

아버지가 쳐다보니 거미는 아직도 계속 발판줄을 끊고 있었다. 거미는 바깥쪽에서 발판줄이 있는 곳까지 간 다음, 그 곳에 끈끈한 씨줄을 치기 전에 만들어 두었던 발판줄을 깨끗이 잘라 버리는 것이었다.

"끈끈하지 않은 줄은 남기지 않는 모양이지. 정말 놀라운 일을 하고 있어."

"거미란 놈은 정말 슬기로워요."

철수가 곧잘 슬기롭다고 말한 것은 일을 이치에 맞도록 해 나간다는 뜻이며, 생각하고 한다는 뜻은 아닌 것 같다.

아버지는 거미가 그물을 완성할 때까지 끝까지 남아서 철수와 함께 구경했다. 거미는 중심부의 불규칙적으로 줄을 쳐 놓은 곳 가까이까지 씨줄을 쳐 간 다음, 그 곳에 약간의 간격을 남겨 놓은 채로 일을 중지하고 다시 중심부로 간 다음 머리를 아래로 늘어뜨리고 쉬고 있었다.

"역시 아래로 향하고 있어요. 아버지."

"정말이구나! 이것은 아버지가 졌다."

"물론이지요. 아버지는 보시지 않았기 때문에……. 영희야, 그렇지! 아버지께 거미가 벌레를 잡는 모양을 한 번 보여 드리자."

"응, 보여 드려. 아버지, 매우 재미있어요. 조금만 기다려 주세요."

철수와 영희는 거미의 먹이가 될 만한 벌레를 찾으러 집 쪽으로 달려갔다. 그런데 조금 뒤 철수와 영희는 어머니까지 모시고 왔다.

"집안 식구가 단체로 거미 연구를 하는 것 같구나."
하면서 아버지가 웃었다.

철수와 영희가 잡아온 것은 한 마리의 풍뎅이와 두 마리의 파리였다.

풍뎅이는 등불에 날아온 것을, 파리는 천장에 붙어 있는 것을 철수가 그물을 이용하여 잡은 것이다.

"자아, 거미줄에 붙여 보자."

하면서 철수가 파리의 한쪽 날개를 잡고서 그물 한쪽 구석에 붙여 놓았다.

파리가 거미줄에 달라붙어서 날뛰자 중심에 가만히 있던 거미가 이내 날줄을 타고 달려왔다.

거미는 2~3가닥의 줄을 작은 파리 위로 던진 다음, 이것을 곧 입에 물고 그물 중심으로 끌고 갔다. 아무래도 거기서 잡아먹을 모양인 것 같았다.

"이번에는 정말 재미있을 거야."

하면서 철수는 또 풍뎅이를 붙여 보았다.

풍뎅이는 대번에 거미줄에 휘감겨서 허우적거리기 시작했다.

🔺 거미가 먹이의 몸을 회전시키면서 실을 친친 감고 있다.

🔺 줄을 타고 걷는 신방거미—머리 밑(원안)에 날카로운 엄니가 숨어 있다.

몸이 무겁기 때문에 거미줄이 당장 끊어질 정도로 축 늘어졌다.

거미는 이내 이것을 알았는지 입에 물었던 파리를 그물에 붙여 놓고, 부지런히 먹이가 있는 곳으로 달려왔다.

그러나 이번에는 먹이가 크다는 것을 안 모양이다. 멀리서 그 모양을 몰래 살펴보았는데 갑자기 그물을 또 당겨 올리는 듯한 동작을 하였다. 그리고는 엉덩이를 풍뎅이 쪽으로 향하더니 뒷다리를 열심히 움직였다.

아버지가 영희의 회중 전등을 받아 잘 비쳐 보았더니 거미는 엉덩이 끝에서 거미줄을 많이 내어 보냈다.

가늘고도 끈끈한 거미줄이 차츰 풍뎅이의 몸을 감쌌다. 풍뎅이는 위험을 알아차린 모양인지 날개를 열심히 파닥거리더니,

마침내 날개를 펼치고 날아가 버리려 하였다. 그러자 이 때 거미가 그물을 껴안고서 풍뎅이를 끌어당겼다.

곧이어 그 뒷다리가 풍뎅이 몸에 닿았는가 했을 때 거미가 놀라운 속도로 먹이를 빙빙 돌리기 시작했다. 이와 함께 지금까지 보아 온 가는 줄과는 다른, 흰 띠와 같은 폭이 넓은 줄이 폭포와 같이 거미의 꽁무니에서 뿜어 나와 잠깐 동안에 풍뎅이의 몸을 감쌌다.

"굉장하지요, 엄마!"

하고 영희가 소리쳤다.

"정말 굉장하구나!"

어머니도 대꾸하며 숨을 죽이고 바라보았다.

"돌리는 것은 줄을 끄집어 내기 위한 것인가 봐. 이미 새하얗게 되어 버렸어."

아버지도 감탄해 마지않으며 열심히 구경했다.

거미가 먹이를 돌리는 동작이 차츰 느려졌다. 풍뎅이는 천에 싸인 것처럼 거미줄로 새하얗게 감겨 버렸으나 그 속에서 아직 꿈틀꿈틀 움직이고 있었다.

거미는 생각했는지, 이번에는 먹이 쪽으로 머리를 향한 채 풍뎅이를 싸서 늘어뜨린 줄의 한쪽 끝을 물어 끊고는 입에 물고서 그물 속으로 운반해 갔다.

"힘이 센 풍뎅이도 거미줄에서는 어찌할 도리가 없는 모양이로구나."

아버지가 말씀하셨다.

"정말 재미나는 것을 보았다. 그러나 풍뎅이가 조금 불쌍해."

어머니는 운이 좋지 못한 그 풍뎅이에게 동정이 가는 모양이었다.

🔺 산왕거미가 그물에 걸린 풍뎅이를 줄로 휘감은 뒤에 엄니를 세워 달려들고 있다.

"상관 없어요. 풍뎅이는 해충이니까요."

철수가 대답했다. 철수는 거미에 대한 연구 외에도 여러 가지 곤충에 대한 것을 살피고 있었다. 그러므로 이러한 것에 대해 잘 알고 있었던 것이다.

주위는 이미 완전히 어두워져 버렸다. 모두들 지금 보았던 거미에 대해서 이야기를 하며 집 안으로 들어갔다.

그 후 철수는 매일 아침이나 밤에 거미가 있는 곳을 열심히 가 보는 것이 습관이 되었다.

어느 날 아침, 철수가 급하게 달려오더니,

"매우 훌륭한 것을 보았어요."

하면서, 아버지와 영희를 헛간으로 데리고 갔다.

철수의 설명에 의하면 어저께 놓아 둔 큰 왕거미가 지금까지 보지 못한 전신줄을 끌어당겼다는 것이다.

그 날 아침 헛간 주위에는 여느 때보다도 많은 거미의 그물이 있었다. 모두 다 철수가 놓아 둔 거미가 만든 것 같았다.

철수가 그 가운데 하나의 큰 그물을 손으로 가리키며 목소리를 낮추어 말했다.

"저 가운데 한 가닥의 굵은 줄이 여기저기 쳐 있지요. 저것은 전신줄에 틀림없어요. 저길 보세요, 끝 쪽에 거미가 숨어 있어요."

자세히 보니 정말로 그물 한가운데에 특별히 조금 굵은 줄이 처마 밑으로 쳐져 있었다.

더 자세히 보니 그 끝에 큰 왕거미가 숨어서 뒷다리로 그 줄을 잡고 있었다.

철수는 어저께 선생님 댁에 놀러 갔을 때에도 전신줄에 대한 이야기를 들은 바 있었다.

아버지가 한 번 시험해 본다면서 막대로 그 그물을 조금 건드리자 놀랄 만큼 빠른 속도로 거미가 그 줄을 타고서 기어 나왔다.

"과연 이것은 전신줄이군. 중심에 쳐져 있기 때문에 바깥줄보다 훨씬 잘 느끼게 되는 것 같아. 거미라고 해서 정말 무시할 수 없구나."

아버지가 말씀하셨다.

그리하여 모두들 헛간 주변의 다른 모든 그물도 조사해 보았다. 그러나 전신줄이 있는 것은 그것 하나뿐이었다.

아버지는 "이것은 나이를 먹은 큰 거미만이 만드는 것이 아닐까?"라고 말씀하셨다. 그래서 이 문제도 다음에 철수와 영희가 조사해 보도록 하였다.

그런데 이튿날 아침 식사 때, 이 문제에 대한 해답이 간단히 풀려 버렸다. 아침 일찍 철수와 영희가 왕거미의 그물을 조사하다 우연히 세로가 30센티미터 정도 되는 작은 그물에 전신줄이 쳐져 있는 것을 2개나 발견하였기 때문이다.

이를 본 아버지가 말씀하셨다.

"많이 조사해 보지 않고 무엇이라고 결정하면 틀리기 쉬운 법이야. 앞으로 주의하여 많이 살펴보지 않으면 좋지 않아요."

그로부터 며칠 지난 어느 날 밤, 철수가 의기 양양해서 아버지께 말했다.

"이제 대충 거미 관찰에 대한 연구를 마쳤으니까 내일 선생님께 관찰 기록장을 보여 드릴래요."

"그러면 우선 가족들에게 발표해 보렴."

아버지가 철수에게 권했다.

철수는 정리해 놓은 노트를 가지고 와서 가족들 앞에서 읽기 시작했다. 노트에는 연구의 시작부터 관찰과 감상까지 그 내용이 자세히 씌어 있었다. 다리 끝을 현미경으로 조사한 그림도 그려져 있었다.

처음 부분은 여러분도 대부분 알고 있는 것이므로 여기서는 철수가 읽은 '그물 만들기의 관찰'에 대해서만 소개하기로 한다.

앞에서도 말한 바와 같이 철수의 관찰에 잘못된 점이 있을지도 모르는 일이니 여러분이 스스로 조사한 것과 비교하여 철수의 틀린 점을 바로잡아 주기 바란다.

● 최초의 단락의 줄을 치는 모양

왕거미는 처마 밑 등에 숨어 있다가 저녁이 되면 그물을 치기 시작한다. 그러나 대개는 오래 된 그물을 수리하여 사용하기 때문에 최초의 단락의 줄을 치는 모양은 좀처럼 볼 수 없었다.

왕거미는 묵은 그물을 이용할 때에는 부서진 그물 아래쪽의 날줄을 잘라 차츰 위쪽으로 정리해 간다. 줄은 입으로 모아서 마침내 먹어 버린다. 그리고 단락의 줄만을 이용한다.

나는 선생님한테서 그 동안 들어온 이런 이야기가 생각나서 그물을 발견하면 완전히 망가뜨려 놓기로 작정했다.

그러나 우리 집에는 왕거미가 한 마리밖에 없기 때문에 쉽게 발견할 수 없었다.

12일에 다른 곳에서 3마리를 잡아와서 헛간의 처마에 놓아두었다. 14일이 되어서야 겨우 최초의 단락의 줄을 치는 것을 볼 수 있었다.

그 거미는 해가 질 무렵이 되자 숨어 있는 곳에서 줄을 당기고서 30센티미터 정도 매달려 있었다. 그리고서 가만히 있더니 가까이 다가가서 꽁무니의 사마귀에서 매우 가는 실을 몇 가닥 뽑더니 바람에 날리고 있었다. 줄은 매우 가늘어서 바람에 흔들리고 있었다.

그런 가운데도 거미가 다리로 줄을 끌어당기고 있었으므로 자세히 보니, 실은 2미터 정도 떨어져 있는 라일락나무 잎에 붙어 있었다.

거미는 이 줄을 타고 건너편으로 기어갔다. 거미가 컸으므로 실은 곧 끊어질 것같이 축 늘어졌으나 끊어지지 않았다.

🔺 거미의 배 끝부분인 항문 앞쪽에 거미줄이 나오는 구멍이 2~4쌍 있다.

거미가 두세 번 왔다갔다할 때마다 줄이 보태어져 마침내 굵은 단락의 줄이 되었다.

● 다른 단락의 줄을 거는 모양

거미는 라일락나무 잎에서 또 줄을 끌어당기고서 매달렸다. 그리고 아랫가지에 닿아서는 가지를 타고서 잎 쪽으로 나간 다음, 끝 쪽의 잎에 줄을 붙였다.

거미는 이 줄을 한 번 왕복하여 다시 줄을 내어 튼튼하게 했다. 이로서 2가닥째가 되었다.

거미는 이 줄을 타고서 위의 잎으로 가 처음 단락의 줄을 타고서 헛간 처마로 되돌아갔다.

이리하여 아랫가지에서 끌어당겨 온 줄이 팽팽하게 쳐져서

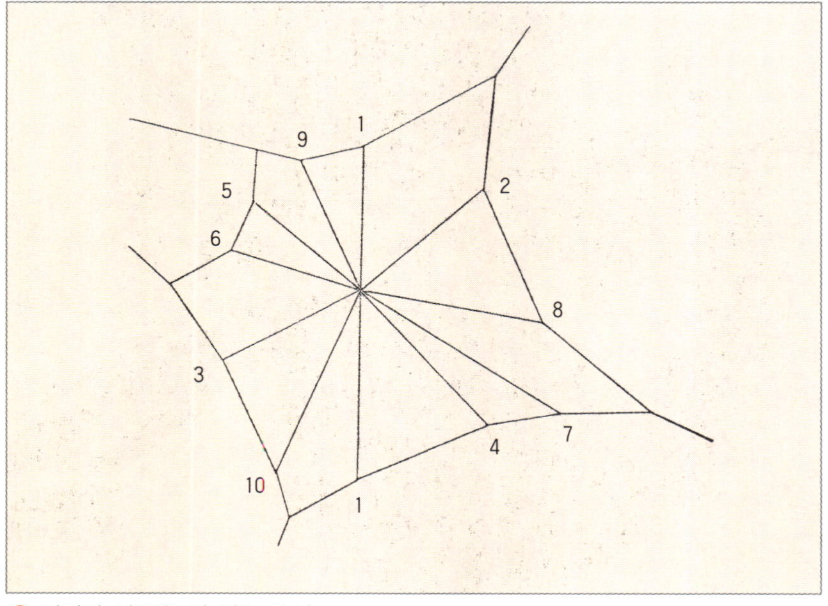

🔺 거미가 날줄을 쳐 가는 순서

3가닥째의 단락의 줄이 되었다. 거미는 이것에도 줄을 내어 보태어서 튼튼하게 했다.

이로서 3각형의 틀이 완성되었다. 이것이 단락의 줄을 거는 방법이다.

● 날줄을 거는 모양

최초의 단락의 줄의 중간 부분에 줄을 붙인 다음 단락의 줄을 타고서 3가닥째의 단락의 줄로 간 다음, 끌어 온 줄을 붙이고서 날줄 1개를 만들었다.

최초의 줄을 끌고 오는 것은 몰랐으나 2가닥째에 왔을 때부터 우리들이 연을 띄울 때 줄을 움직이는 것처럼 보였으므로 잘 알 수 있었다. 줄은 탄력이 있기 때문에 언제나 팽팽하게 쳐졌다.

이번에는 줄 1을 타고서 위로 올라갔다. 매우 가까운 길이다. 그 한가운데에 새로운 줄을 붙이고, 또 위로 올라가서 최초의 단락의 줄을 조금 타고서 날줄 2개를 붙였다.

그리고 줄 2를 타고서 중심으로 되돌아와, 다음에는 3을 쳤다. 그 뒤에는 앞 페이지의 그림과 같이, 줄 4로부터 다음 다음으로 만들어 나갔다.

감상 - 거미가 날줄을 1가닥이나 2가닥씩 치는 것을 매우 재미있게 생각했다. 또 1가닥 치면 그 다음에는 대개 반대쪽 한 곳에 여러 가닥 계속 잇달아 치지 않고 곳곳으로 흩어져 나가는데, 이는 모두 다 그물의 균형을 잡기 위한 것이라고 생각한다.

"그것 참 매우 재미있구나. 어느 그림이니? 이 사이의 그림이구나. 한 번 보여 주렴."

아버지가 철수의 노트를 손에 쥐고, 날줄의 차례 그림을 들여다보았다. 잠시 후 철수의 읽기가 계속되었다.

날줄 다음에 거는 줄

날줄이 완성되면 거미는 중심으로 가서 2~3회 빙빙 돌아서 자기의 방석, 즉 '바퀴통'을 만든다. 이것은 아무렇게나 만든 그물이며 끈기가 없다.

최초에 거는 씨줄—발판줄

중심에서 바깥쪽을 향해서 거칠게 건다. 이것도 끈적거리지 않는 줄이다. 날줄과 날줄 사이의 폭이 커지면 앞에서 건 발판줄을 재빨리 이용하여 다음의 날줄로 나간다.

발판줄 다음에 거는 줄

바깥으로 해서 건다. 이것은 끈기가 있는 끈끈한 씨줄이다. 거미는 뒷다리로 2가닥의 줄을 내보내며 교묘하게 다루어서 날줄에 감기지 않도록 한다. 또 날줄에 착 붙일 때에는 사마귀를 직접 붙인다. 날줄에서 날줄로 옮아 갈 때에는 앞에 쳐 놓은 발판줄을 이용한다.

또 발판줄이 있는 곳까지 치게 되면 그것을 끊어 버린다. 또 중심 아래쪽에서는 가끔 되돌아가서 줄을 건다. 이 때문에 아래쪽의 씨줄이 많아지는 것이라고 생각한다.

그리고 씨줄은 바퀴통이 있는 곳까지 빽빽히 치지 않는다. 약간 틈이 있을 정도에서 거미는 일을 끝낸다.

🔻 거미줄을 다치고 난 거미는 중심부의 쉬는 곳에서 머리를 아래로 향하고 사냥감을 기다린다.

감상 - 거미가 발판줄을 치는 것은 매우 재미있고도 흥미로웠다. 이것은 끈끈한 씨줄을 칠 때 끊어 버리므로, 그물을 치고 있을 때 보지 않으면 거미가 이처럼 슬기롭다는 것을 느끼지 못할 것이라고 생각한다.

● 전체의 감상

처음에 거미 따위는 시시한 것이라고 생각했으나, 한 번 관찰해 보니 매우 재미있어서 자꾸 조사하게 되었다.

거미는 우리들이 평소에 하찮게 생각했던 작은 동물이다. 그런데 이처럼 멋지고 훌륭한 지혜로운 생활을 하고 있다는 사실에 큰 감명을 받았다.

🔺 천장에 거미줄을 쳐놓고 먹이를 기다리는 왕거미

　지금까지는 거미를 단지 채집망을 이용해서 나비나 잠자리를 잡는, 보잘것없는 동물에 지나지 않는 것이라고만 생각하고 있었다.

　또 매일 관찰해 본 결과, 모처럼 애를 써서 그물을 만들었는데 하룻밤을 지나도 벌레가 한 마리도 잡히지 않는 일이 가끔 있었다. 이렇게 되면 거미도 곤란할 것이라고 약간은 동정하는 마음이 생겼다.

　철수가 관찰 노트를 제출하고 1주일 정도 지난 어느 날이었다. 저녁 식사를 마친 뒤 철수가 말했다.

　"오늘 학교에서 관찰 노트를 되돌려 받았어요."

　철수의 얼굴은 싱글벙글 기쁜 기색이 역력했다.

　철수는 관찰 노트에 선생님의 칭찬의 말씀이 씌어 있는 것을 내보이며 매우 기뻐했다.

그리고 자연 공부 시간에 거미에 대한 연구 발표가 있어서 재미있었다며, 그 당시의 상황을 자세히 이야기했다.

"날줄이나 씨줄의 수는 모두가 관찰한 것을 모아서 통계를 취한 것이고, 그 중에는 위도 아래도 별로 변하지 않는 그물의 예를 본 것도 있었으나, 통계를 내어 보니 역시 씨줄이나 날줄은 아래쪽에 많다는 것이 확실하게 되었다는 거예요. 그래서 내가 '어찌해서 아래쪽에 많지요?' 하고 질문을 해 보았지만 아무도 대답하지 못했어요. 그래서 다시 거미가 아래쪽으로 향하고 있는 것과 무슨 관계가 있는지 다시 선생님께 질문해 보았어요."

"그래, 선생님께서는 무엇이라고 말씀하셨니?"

"선생님께서는 중요한 점을 생각하였다면서 칭찬해 주셨어요. 그리고 선생님께서도 '그래, 무슨 관계가 있을 거야'라고 말씀하셨어요."

"음, 역시 그랬구나."

"그리고 선생님께서는 이런 것도 가르쳐 주셨어요. 통계를 봐도 알 수 있듯이, 왕거미의 그물에도 위와 아래의 씨줄이 같을 때도 있고, 또는 둥근 그물을 만드는 거미 중에는 언제나 위아래를 같게 만드는 종류가 있다고 하셨어요. 그렇지만 거미는 역시 아래로 향해서 늘어뜨려져 있는 것 같아요. 그리고 선생님의 생각으로는, '아마 이렇기 때문에 차츰 아래쪽으로 줄이 많게 그물을 만들게 된 것이 아닐까' 하고 말씀하셨어요."

"음, 거미는 언제나 아래로 향해서 축 늘어뜨려져 있기 때문에, 그물을 아래쪽으로 펼쳐 놓은 것이라고? 씨줄이 아래에

무당거미의 그물 위쪽에는 씨줄이 거의 없다.

많기 때문에 거미는 아래로 향하고 있는 것이 아니란 말이지? 그렇겠군. 즉 이 관계는 거미가 아래로 향해서 늘어뜨려져 있는 편이 먼저라고 하는 것이야."

"약간 어려운 것 같구나. 철수야, 너는 알고 있니?"

"네, 엄마 알고 있어요. 그리고 선생님이 이런 말씀도 하셨어요. 무당거미의 그물에서는 위쪽엔 씨줄이 거의 없다고 하셨어요. 그래서 다음에는 무당거미도 조사해 보려고 생각 중이에요."

"대단하구나! 우리 철수. 그런 걸 다 알다니!"

어머니께서 철수를 칭찬해 주셨다.

"선생님께서 되풀이하여 설명해 주셨기 때문이지요."

라고 철수는 얼굴을 붉히면서 겸손하게 대답했다.

"지금 오빠가 말한 이야기는 영희에게는 조금 어려울 거야. 그렇지?"

어머니가 영희에게 위로하듯이 말씀하셨다.

"거미는 아래로 향하는 쪽이 먼저라는 것이지요. 나도 알 수 있어요."

하고 영희도 아는 체했다.

"그렇지, 그래."

아버지도 영희의 말에 맞장구를 쳤다.

이 때 영희가 철수를 향해서 질문했다.

"오빠, 그러면 날줄은 왜 아래쪽에 많은 거야?"

영희의 질문에 철수는 망설임 없이 대답했다.

"씨줄을 아래쪽에 많이 치기 때문이야. 그렇지요, 아버지?"

"음, 그렇다. 날줄은 기둥과 같은 것이기 때문이야. 씨줄을 많이 지탱하기 위해 기둥을 많이 만드는 것이다. 알았니? 영희야. 그러나 거미는 씨줄을 치기 전에 정확히 앞을 내다보고서, 날줄을 아래쪽에 많이 준비하는 것이니까 정말 놀랍지 않소 여보."

아버지는 영희와 어머니를 번갈아 보며 말씀하셨다.

"과연 그렇구나. 잘 살펴보고서 생각하지 않으면 이런 건 느끼지 못했을 거야."

라고, 어머니도 매우 감탄한 듯 말씀하셨다.

"그리고 창수도 선생님께 '거미는 어찌하여 아래로 향하고 있나요' 하고 질문했어요."

"하하하, 재미나는 질문이었구나."

"선생님은 어찌된 것인지 확실한 것은 알지 못한다고 하셨어요. 그러나 거미는 공중에 있기 때문에 자기의 적이나 먹이가 아래쪽에서 들어오게 되는 일이 많아서, 그것과 무슨 관계가 있을 것이라고 말씀하셨어요."

"음……."

아버지는 무엇인가 생각에 잠겨 있는 것처럼 보였으나 철수는 계속하여, 또 새로운 이야기를 끄집어 내었다.

"통계에서 또 하나 재미있는 것을 알았어요."

철수는 신이 나서 수업 시간에 배운 내용을 이야기했다.

"거미의 크기를 대강 나누어 씨줄과 날줄의 수를 통계내어 보면, 새끼거미에서는 씨줄이 적으나 날줄은 어미의 것과 그리 변화가 없어요. 어미거미에서도 날줄이 많은 것과 적은 것이 있고, 새끼거미도 많은 것과 적은 것이 있어요. 그러나 어느 쪽이나 달라지는 모양이 같은 것 같아요. 선생님께서는 변이의 폭이 같다고 말씀하셨어요."

"그것 참 재미나는 것을 발견했구나. 통계를 내어 보면 여러

🔻 호랑거미가 거미줄 위를 걸어가고 있다.

　가지 자세한 일을 정확히 알 수 있지."
라고 아버지께서는 잠시 동안 통계에 대한 이야기를 해 주셨다.
　맨 나중에 철수는 최초의 단락의 줄을 치는 모양에 대해서
자기와는 다른 방법으로 관찰한 사람이 있었다는 이야기를
했다.
　한 가지는 줄을 끌면서 아래로 걸어가 적당한 곳으로 기어
올라가서 치는 방법이었고, 또 하나는 새끼왕거미가 가끔 하
는 방법으로서, 줄을 끌고 매달려 있다가 바람에 날려 어딘가
에 도착되면 그 곳에 치는 방법이었다.
　"여러 사람이 조사해 보면 여러 가지 것이 발견되는 것 같아."
라고 아버지는 감탄해 마지않았다.

연구회의 이야기를 마친 철수는 무엇인가를 찾는 눈치였다. 그리고는 책을 한 권 가방에서 꺼내더니 내밀며 말했다.

"관찰 노트를 되돌려받을 때, 선생님께서 칭찬하시면서 이 책을 빌려 주셨어요."

"아니, 이거 거미에 관한 책인가 본데?"

아버지와 어머니가 동시에 똑같이 말씀을 하셨다.

"이것도 선생님께서 만드신 책이래요. 아직 읽어 보지 않았지만 매우 재미있을 것 같아요."

아버지가 받아 보니 전의 책보다 매우 두꺼웠으며, 그 안에는 여러 종류의 거미에 대해서 씌어져 있었다.

아버지는 그 책을 대강 본 다음 어머니께 건네 주고서 철수를 향해 말씀하셨다.

"전번의 거미도 매우 재미있었지만 이 책을 보니, 거미들도 여러 가지로 다른 생활을 하는 것이 있는 모양이야. 조사해 보면 반드시 재미있는 일이 많이 발견될 것이 틀림없겠어. 철수야, 더욱 자세히 조사해 보도록 해라. 그리고 다시 여러분에게 이야기해 주는 것이 좋을 것 같다."

하며 격려의 말씀을 해 주셨다.

자연 연구의 즐거움

거미 연구의 즐거움

● 자연 연구의 묘미

거미의 연구는 뜻밖에도 재미가 있었을 것이다. 철수는 매우 재미있었다고 하였다.

그리고 철수는 이번에 선생님한테서 거미에 관한 책을 빌려 온 김에 왕거미 외에 다른 거미에 대해서도 조사해 보려고 했다. 여러분도 한 번 조사해 보도록 하자.

거미뿐만 아니라 자연을 관찰하고 조사한다는 것은 매우 재미있는 일이다. 그것은 탐험가들이 맛보는 발견의 즐거움과 꼭 같은 것이다.

탐험가라고 하면 여러분도 좋아하겠지만, 그들이 하는 일 역시 잘 생각해 보면 결국 자연 연구에 지나지 않는다.

사람이 아직 가 본 일이 없는 토지로 가서, 그 곳의 산이나 하천의 상태, 동물이나 식물의 상태, 그 곳에 있는 금이나 은, 그 밖의 상태 등 즉 자연을 살펴보는 것이다.

단지 탐험에는 대개 여러 가지 어려움과 위험이 뒤따르게 되는 것이다. 그 난관과 위험이 있기 때문에 보통 사람은 쉽게 할 수 없는 일인 것이다.

그러나 그 난관이나 위험을 어떻게 헤쳐 나갈 것인가? 또 그 많은 노력의 결과, 어떤 훌륭한 대발견을 할 수 있지 않을까 하는 기대와 그 발견의 과정이 바로 탐험의 재미인 것이다.

여러분이 하는 자연 연구 역시 아무도 모르는 자연의 동물이나 식물의 생태를 조사하는 것이므로 그 과정은 탐험과 같

🔺 **들풀거미의 거미줄**—들풀거미는 숲 속에 복잡하게 많은 실을 쳐 놓고 벌레가 걸
리기를 기다린다.

은 것이다.

　여러분의 경우에도 많은 어려움이 있을 것이고, 또 끈기와
노력이 필요할 것이다.

　그렇기 때문에 그 어려움이나 노력의 결과, 또 아무도 모르
는 것을 발견하는 탐험가와 같은 기쁨을 느끼게 될 것은 당연
한 일이다.

　여러분 중에는 남극 탐험이라든가 북극 탐험이라든가, 또는
옛날의 아프리카 탐험 이야기, 중앙 아시아 탐험 이야기 등에
흥분되어서 자기는 그러한 일을 할 수 없을 것이라고 비관하
는 사람도 없지 않을 것이다.

　만일 있다고 하면 그 사람은 그러한 생각을 버리는 것이 좋
을 것이다. 우리들이 탐험할 자연은 꼭 북극이나 남극에 가야

🔺 풀거미의 집―알을 낳기 위해 집을 짓고 있다.

만 할 수 있는 것이 아니다. 우리들 주위에도 탐험하고 연구할 대상은 얼마든지 있기 때문이다.

더욱이 그 탐험의 재미는 여러분이 이미 거미의 관찰에서 충분히 맛본 바와 같다. 문제는 해 보려고 하는 의지와 결심이 중요한 것이다. 시작이 반이라고, 지금 당장 착수해 보지 않겠는가?

그리고 자연 연구는 단지 재미나 즐거움만을 위해 하는 것이 아니다. 그것은 여러분의 앞날을 위해 매우 요긴한 일이 되기 때문이다.

주의가 깊어지는 일이나 정확한 일을 좋아하게 되는 것도 자연 연구에서 얻어지는 소득이다. 그 밖에 가장 큰 소득이라면, 자기도 모르는 사이에 인품이 정직해지고, 바른 일을 사랑하게 된다는 것이다.

왜냐 하면 자연에는 결코 거짓이나 불성실 속임수 같은 것이 없고, 모두 다 정직하고 건실하기 때문이다.

'삼 속에 난 쑥은 저절로 똑바로 자란다'는 속담이 있다. 쑥이 아니고 더욱 구부러진 식물이라도 삼과 같이 똑바른 식물이 나 있는 속에서 싹이 나오면 저절로 똑바로 자라게 된다.

함께 살고 있는 사람이 정직하고 성실할 때에는 그 사람 역시 자연적으로 정직하고 성실한 사람이 된다는 말이다.

더욱이 여러분과 같이 어린 시절부터 그렇게 생활을 하면 더욱 올바른 일을 사랑하게 되고, 올바른 일이라면 어디까지나 투쟁한다고 하는 믿음직스러운 성격이 길러질 것이다.

🔻 애풀거미—터널 속에 숨어 있던 애풀거미가 그물이 흔들리자 냉큼 나와 그물에 발이 걸린 메뚜기를 낚아채고 있다.

먹이의 주위를 돌면서 먹이를 실로 휘감은 뒤에 집안으로 끌고 간다.

매미충이 거미줄에 닿자 줄의 흔들림을 느낀 납거미가 집에서 급히 나오고 있다.

그것은 언제나 자연을 상대로 해서 생활하고 있는 사람들을 보면 금방 수긍이 갈 것이다. 가령 농업이나 어업을 하고 있는 사람들이나 미개인들은 늘 정직하고 순수하다.

또 반대로, 이 세상에서 일어나는 거의 대부분의 나쁜 일들이 특히 자연을 모르는 도회지 사람들 사이에서 많이 일어난다는 사실로도 이를 잘 알 수 있을 것이다.

● 자연 연구를 통해 얻는 것

자연의 연구는 지금 말한 것처럼 좋은 점이 많이 있다. 그러나 사실 이와 같은 이익은 자연 연구의 첫째 목적이 아니다.

첫째 목적은 여러 가지를 알게 되는 일이다. 즉 상세히 바르게 안다는 것이다.

다른 사람의 도움을 받지 않고 자기 힘으로 자연의 지식을 얼마든지 넓혀 갈 수 있다. 이 점에서 책을 읽는 것만으로는 잘 이루어지지 않는다는 것을 쉽게 알 수 있을 것이다.

책을 읽는 것만으로는 다른 사람의 지식을 빌린 것뿐이기 때문에 이 이상의 것은 아무것도 알지 못한다.

이렇게 되면 인간의 지식이 그 책 이상으로는 조금도 나아가지 못한다. 서양의 중세 '암흑 시대'라고 일컬을 즈음의 학문 연구 방법이 그러했다.

당시는 배운다는 것이 고작 고대의 그리스나 로마 사람들이 기록해 놓은 책을 읽는 것뿐이었다. 그러므로 새로운 발견이란 하나도 없었다. 그러나 지금으로부터 약 500년 정도 전에 르네상스(문예 부흥)라는 시대가 시작되면서부터 과학이 눈부신 진보를 이룬 것은, 사람들이 이들의 책에서 벗어나 자연을 연구하는 일을 시작했기 때문이다.

그러나 한편, 후진국에서 선진국을 재빨리 뒤따라가기 위해서는 선진국의 기술을 서적을 통해서 얻는 것이 효과적이다. 그것은 곧 시간과 노력을 줄일 수 있고 목표를 향해 나아가는 하나의 지름길이 되기 때문이다.

따라서 책을 많이 읽는 것도 중요한 일이 되겠으나, 자연으로부터 직접 배우는 일, 즉 스스로 연구해 나간다는 것은 더욱 중요한 일인 것이다.

여러분은 어떠한가? 여러분은 어른들에 비해서 모든 방면에 여러 가지로 뒤떨어져 있다. 따라서, 책을 많이 읽어 뒤따라가지 않으면 안 된다.

이와 동시에 장래 대발명, 대발견을 이룰 수 있도록, 지금부터 스스로 연구해 나가는 습관을 붙여 나가는 것도 중요하다.

여러분의 주변에 있는 자연을 조사하는 것은 매우 즐겁고 재미있는 일이다. 그것만으로도 충분하겠지만 자연에 대한 조사와 연구를 통해 우리는 앞서 말한 것과 같은 많은 이익을 얻을 수 있다. 그리고 지금 말한 것과 같이 성격상으로도 매우 좋은 습관이 붙게 된다.

그런데 가까이 있는 자연이라고 해도 그 중에는 매우 재미있는 것과 그리 재미 없는 것이 있다. 재미 없는 것을 조사해 가면 금방 싫증나게 될 것이다. 그러므로 재미나는 것을 조사해 가면서 자연 연구에 대한 흥미나 관심을 지속시켜 나가는 것이 좋다.

이러한 점에서 거미는 매우 흥미롭고 재미있는 연구 대상이 될 것이다.

여러분은 이미 왕거미에 대해서 재미있는 부분을 조금 보아 왔을 것이다. 그러나 거미에도 조금 더 조사해 보면 더욱더 재미있는 일이 많이 나타나게 된다.

그리고 다시 눈을 다른 종류의 거미로 향하게 하면 재미있는 일을 더욱 많이 발견하게 될 것이다.

거미의 생태 연구

왕거미의 연구

● 거미줄의 끈기

여러분은 이미 왕거미가 어떤 생활을 하고 있는가에 대해서 대충 살펴보았을 것이다. 그러나 이 거미에 대해서도 다시 조사해 보면 재미나는 일이 많이 있다.

앞으로 여러분은 여러 가지 다른 거미에 대해서도 알게 되겠지만, 그것들을 혼자서 조사해 나가는 데 필요할 것이므로, 왕거미에 대해서 아직 조사해 보지 않았던 것에 대해 설명해 보기로 한다.

씨줄이 대단히 끈끈하게 잘 달라붙는다는 것은 이미 알려진 사실이지만, 도대체 그 끈기는 언제나 같을까? 우선 이에 대해서 조사해 보자.

먼저 날씨가 좋은 날을 골라 아침·낮·저녁·밤을 통해서 끈끈한 정도가 어떻게 다른가를 조사한다.

같은 그물로 조사하는 것이 가장 좋겠으나, 형편에 따라서는 다른 그물이라도 상관없다. 단 씨줄의 끈기를 조사하는 막대(연필 등)는 같은 것을 사용하여야 한다.

그것은 무엇 때문일까?

손가락은 언제나 똑같고 늘 몸에 있는 것이므로 얼핏 편리한 것으로 생각되겠으나, 이것은 땀이 나고 부드러움에 대한 감촉 정도도 변하기 때문에 그리 좋다고 할 수 없다. 무엇이든지 변화가 없는 것이어야 한다.

일단 그러한 도구를 구해 씨줄에 닿게 하여 끌어당겨 보고서 줄이 얼마만큼 늘어나는가를 비교해 본다. 그리고 시간에 따라서 끈기가 어떻게 변하는지 알아보자.

만일 변화가 있다고 하면 어느 때 가장 심한가? 또 그 끈기와 거미가 일하는 시간과는 어떤 관계가 있는가 살펴본다.

다음에, 맑은 날과 흐리거나 비가 내리는 날에 씨줄이 끈기 있게 달라붙는 모양을 살펴보자.

온도계를 보고 날씨의 온도가 같을 때가 실험하기에 가장 좋을 때이다. 어느 쪽이 가장 끈기 있게 오래 달라붙는가를 조사해 보자.

🔻 거미는 끈적끈적한 가로실(씨줄)과 끈끈하지 않은 세로실(날줄)로 이루어져 있다.

조사해 보았다면 거미줄의 끈기가 어느 때 가장 좋은지 알 수 있을 것이다.

이번에는 그 원인에 대해서 생각해 보자.

같은 온도이더라도 날씨가 좋을 때와 나쁠 때에 따라 차이가 나는 까닭은 무엇일까? 이내 알 수 있을 것이다. 그것은 공기의 습한 정도, 즉 습도 때문이다(밝기도 조금 다르지만 이것은 끈기의 정도와는 관계가 없다).

날씨가 좋을 때에는 공기 속에 수분이 적고 온도도 낮으며, 날씨가 좋지 못할 때에는 수분이 많아서 습도가 높다. 그래서 끈기의 상태가 변한다고 하면 습도와 관계가 있는 것 같다.

● 거미는 한 쌍의 더듬이다리로 주위의 상황을 감지한다.

그러면 아침·낮·저녁·밤에는 어떠할까? 이것은 하루의 습도가 변하는 모양을 이야기하고 난 다음에 여러분이 직접 생각해 보도록 하자.

하루의 습도가 변하는 모양은 온도와 정반대이다. 즉 해뜨기 직전이 가장 높고 차츰 낮아져서 오후 2시경에 가장 낮아지며, 그로부터 다시 높아져 간다.

그러면 거미 그물의 씨줄에 대한 끈기의 정도와 공기의 습도와는 어떤 관계가 있겠는가?

두 가지의 관찰의 결과를 비교하여 생각허 보도록 하자.

● 수거미와 그물

지금까지의 관찰을 통해서 대강 알았겠지만, 왕거미 중에는 그 머리 쪽에 주먹을 뭉쳐 놓은 것처럼 생긴 것이 있다. 이것은 수컷 왕거미이다.

거미류는 어느 종류나 수컷은 모두 다 이 부분이 부풀어져 있다. 이에 비해, 암컷은 이 부분이 짧은 다리 모양으로 되어 있고 부풀어져 있지도 않다. 이것을 촉수 또는 촉지라고 일컫는다.

촉수는 다리도 아니고 또 더듬이도 아니다. 더듬이 같은 역할도 하지만 이것은 곤충의 입수염에 가까운 것이다.

수컷은 자기 혼자서 그물을 치는 것이 보통이지만 때로는 암컷 그물의 한구석을 빌려서 자기의 작은 그물을 만드는 일도 있다.

수컷의 그물에 대해서 또 한 번 살펴보고, 무엇인가 변한 곳이 있는지 살펴보자.

● 다른 왕거미의 그물에 놓았을 때의 행동 변화

한 마리의 거미가 거미줄 한복판에 버티고 서서 좋은 먹이가 걸려들 것이라고 굶주림을 참고 기다리고 있는 곳에, 미리 잡아서 성냥갑 속에 넣어 두었던 또 다른 거미를 꺼내 그물에 살짝 얹어 놓으면 매우 재미있는 일이 일어난다.

이 경우 거미줄에 얹어 놓을 거미를 손가락으로 잡는 것은 좋지 않다. 죽은 시늉을 하고서 거미줄에 잘 붙지 않거나 겁을 먹고 있는 동안에 공격을 받거나 하므로, 상자를 열어 거미가 스스로 기어 나오도록 해 준다.

상자에서 나온 거미는 잠시 멍청히 있을 것이다. 이 때 먼저

● 깡충거미의 눈―거미의 눈은 8개이지만 모두 홑눈이다.

기다리고 있던 그물 주인인 거미는 이 상황을 어떻게 대처해 나갈지 생각해 보자. 혹시 다른 벌레가 들어와서 붙었을 때처럼 권사로 졸라 매지는 않을까?

그런데 이 불청객 거미도 권사를 가지고 있으며, 또 마찬가지로 그물 위를 자유로이 걸어다닐 수 있기 때문에, 온순하게 상대가 하는 대로 가만히 있지는 않을 것 같다.

자, 그러면 어떤 일이 일어나는지 주의해 살펴보자. 이 실험에 사용할 거미의 크기를 여러 가지로 바꾸어 보면 또다시 여러 가지 재미있는 일이 일어난다.

큰 거미가 있는 곳에 작은 거미를, 작은 거미가 있는 곳에 큰 거미를, 또 같은 정도의 것을 넣어 보도록 하자.

같은 정도의 것을 넣었을 때에는 큰 거미와 작은 거미들은 제각기 다른 행동을 취하게 된다.

● 거미도 먹이를 분별할까

거미줄에 종이 조각이나 풀 조각 등을 붙여 주면 거미는 이것을 미련 없이 떨어뜨려 버린다. 하지만 곤충이 달라붙으면 상황이 다르다. 어떻게 해서 이렇게 먹을 수 없는 것과, 벌레와 같이 먹을 수 있는 것을 구별하는 것일까?

거미도 우리들이 하는 것처럼, 눈으로 보고 종이와 벌레를 구별하는 것인지 살펴보자.

거미에도 물론 눈이 있다. 그 몸의 앞쪽 끝에 곤충의 홑눈과 같은 것이 8개 있다(겹눈은 없다).

그러나 이것으로 사물을 분별한다고 단정하기는 매우 의심스럽다. 그러면 냄새를 맡아서 구별하는 것일까?

거미는 사람과 같이 코는 없으나 더듬이로 냄새를 맡는다고 하니 혹시 그럴지도 모르는 일이다.

그리고 앞에서 한 실험으로 알 수 있는 바와 같이 거미는 그물이 흔들리는 것을 매우 민감하게 느끼므로, 이것으로 걸려든 것이 움직이는가 움직이지 않는가를 알고서, 풀인가 벌레인가를 구별하는 것인지도 모른다.

도대체 거미는 어느 것으로 사물을 구별하는 것일까?

이것은 조금 어려운 문제이지만 다음과 같은 실험을 해 보자. 무엇인가 새로운 사실을 알게 될 것이다.

● 거미가 먹이를 구별하는 실험

먼저 둥글게 말아 놓은 종이 조각만으로 실험해 보자. 그런 다음 이 조각에 곤충의 생피를 발라 본다. 이 경우 냄새만은 벌레를 붙여 놓은 것과 똑같다.

다음에, 죽어서 바싹 마른 벌레를 붙여 보자. 이번에는 모양만이 먹을 수 있게 되었다. 그런데 이것에는 거미가 필요로 하는 생피가 전혀 없고, 따라서 그 냄새도 나지 않는다.

그리고 다시 금방 죽은 벌레를 붙여 놓는다. 이번에는 움직이지 않을 뿐이고, 모양이나 냄새는 먹을 수 있는 산 곤충과 똑같다.

마지막으로 산 벌레의 가슴 또는 배만 잘라서 붙여 본다. 이것은 움직이지도 못할 뿐만 아니라 모양도 달라져 있다.

이 실험에서 여러분은 거미가 어떻게 행동하는지 매우 흥미 있는 것을 관찰할 수 있을 것이다.

이 실험을 여러 마리의 거미를 통해서 실시해 보면, 거미가

🔴 거미는 거미줄에 걸린 낙엽이나 종이를 먹이로 오인하는 일 없이 오로지 살아서 움직이는 먹이만 정확히 덮쳐 잡을 뿐이다.

먹이가 되는 것과 되지 않는 것을 무엇으로 구별하는가를 알 수 있을 것이다. 실험할 때 특히 주의할 일을 몇 가지 적으면 아래와 같다.

첫째, 거미가 식욕을 느끼도록 약간 굶겨 놓는다. 배가 부른 상태에서는 먹을 수 있는 것이라도 거들떠보지 않는 경우가 있기 때문이다.

그러므로 이 실험은 거미가 그물을 치고 난 바로 다음에 하는 것이 가장 좋다.

둘째, 종이 조각을 붙일 때에는 손가락으로 둥글게 말아서 해야 한다. 이 때 땀이 묻지 않도록 조심한다. 땀이 묻으면

🔺 **개미를 잡은 거미**―개미의 몸에 독액을 주입한 후 녹은 체액을 빨아먹는다.

거미가 그것을 핥기 때문이다.

실험을 해 본 사람은 거미의 먹잇감 구별 방법에 대해서 알 수 있을 것이다. 그 알게 된 사실을 여러분의 관찰 노트에 기록해 놓도록 하자.

● 거미의 먹이 사냥과 소화

거미는 뛰어난 사냥꾼으로 벌 같은 곤충을 주로 먹이로 삼는다. 거미줄을 치는 거미는 거미줄을 사냥의 중요한 도구로 사용하며, 주로 날아다니는 곤충을 잡아먹는다.

어떤 거미는 한 줄을 따로 빼놓고 숨어 있다가, 빼놓은 줄의 진동으로 거미줄에 먹이가 걸린 것을 알아 내곤 바로 집으로 돌아가 먹이를 잡기도 한다.

거미는 먹이가 걸리기를 기다릴 때 빛의 방향에 따라 위치를 바꾼다. 보통 배 끝 부분을 빛 쪽으로 향해서, 역광 때문에 주위를 살펴보지 못하는 경우가 생기지 않도록 한다.

거미줄에 걸린 곤충은 줄이 끈끈해서 붙어 있는 것이 아니라 줄에 엉켜 버려 꼼짝 못하는 것이다. 따라서, 도망치려고 움직일수록 더 단단히 엉켜 버리고 만다.

거미는 줄에 엉켜 있는 먹이를 위턱에 있는 날카로운 엄니로 잡고, 그 엄니에서 나오는 소화액을 먹이의 몸 안으로 집어넣는다. 이 소화액이 독액이다.

거미는 위에서 하는 일을 몸 밖에서 소화시켜 흡수하는 체외 소화를 하는 동물이다. 먹이의 몸 안으로 들어간 소화액은 몸 속의 단백질을 소화시켜 액체 상태로 만든다. 그런 다음 거미는 액체 상태가 된 먹이의 몸을 빨아먹는다. 거미의 위는 빨아들이는 흡위로 펌프와 같은 작용을 한다.

거미 종류 가운데 거미줄을 치지 않는 거미는 땅 위에서 활동하는 곤충을 주로 잡아먹는다. 대부분 아주 좋은 시력을 가지고 있으며, 동작이 빨라 쉽게 사냥감을 잡을 수 있다. 또한 다리의 힘이 좋아 먹이를 움켜잡을 수도 있다.

어떤 종류의 거미는 꽃 사이에 숨어 있다가 꿀을 따러 다니는 곤충을 잡아먹는다. 이런 거미들은 대개 주위의 색깔과 비슷한 보호색을 가지고 있어서 이를 알아채지 못하고 다가오는 곤충을 재빠르게 잡아먹는다.

● 발판줄을 끊는 실험

거미가 발판줄을 다 친 다음 마침내 끈적거리는 씨줄을 치기 시작할 때, 발판줄을 가위로 살짝 끊어 보자.

되도록 그물이 움직이지 않도록, 2가닥의 날줄을 한꺼번에 끊지 말고 나선상으로 끊는다.

만일 거미가 그물이 흔들리는 것을 느껴 일을 중지하면 그때는 상관할 필요 없이 모두 다 잘라 버리고 다음의 상태를 보는 것이 좋다. 아무리 능숙한 건축가인 거미라도 발판이 없으면 씨줄을 잘 칠 수 없을 것이다.

그렇게 되면 거미는 새로운 발판줄을 다시 치게 될지 살펴보자. 이 실험을 통해 거미가 여러 가지 슬기로운 일을 하는 장면을 목격하게 될 것이다. 하지만 실제로 슬기로워서 하는 것인지는 단정할 수 없다.

앞의 첫장에서 '미루어 둔' 문제는 여러분이 반드시 풀 수 있을 것이라고 생각한다. 그렇지만 거기에 대해서 여러분에게 말해 두지 않으면 안 될 일이 있다. 그것은 본능과 지능에 대한 것이다.

● 본능과 지능

곤충 가운데는 매우 복잡한 생활을 하는 것이 있지만 그것은 누구에게 가르침을 받고서 하는 것이 아니라, 태어날 때부터 그러한 일을 할 수 있는 것이다.

이를테면 쌍살벌은 말라 죽은 목재에서 섬유를 채취하여 입으로 씹어서 종이를 만들고, 이것으로 6각형의 봉지를 모아

🔺 **쌍살벌의 집**—나무 껍질이나 잎사귀 등을 잘근잘근 씹어 종이 찰흙과 같은 반죽을 만들어서 종이집을 짓는다.

놓은 것과 같은 집을 짓는다. 이 방법은 누구에게서 가르침을 받은 것이 아니라 태어날 때부터 그렇게 할 수 있게 된 것이다. 이와 같은 능력을 '본능'이라고 한다. 이것은 우리 사람과는 매우 다른 점이다.

사람은 다른 사람에게서 가르침을 받거나 스스로 깊이 생각을 하거나, 여러 가지 연습을 거친 다음 서투른 곳을 고치는 등의 다양한 과정을 거쳐서 비로소 무엇인가를 이루어 낸다.

이와 같은 것을 학자들은 '지능'이라고 해서 본능과 구별하고 있다.

지능이 있는 동물은 처음에 배우지 않으면 안 되지만, 그

대신 무엇을 할 경우에 도중에 모르는 일이 일어나도 여러 가지로 해결 방법을 생각해 낸다. 그리고 마침내 목적한 바를 향해 나아갈 수 있게 된다.

● 동물의 본능

그런데 본능으로 일을 하는 동물의 경우에는 처음부터 혼자서 무엇이라도 할 수 있지만, 그 대신 도중에 무엇인가 낯선 일이 생기면 이것을 쉽게 해결하지 못한다.

어떤 장애에 부딪히면 동물은 하던 일을 방치해 놓은 채, 조리가 맞지 않게 다음 일을 계속하거나 일을 중단해 버린다.

🔻 애황나나니벌—진흙으로 만든 집에 배추벌레를 넣고 알을 낳은 다음 집을 덮는다.

이를테면 애호리병벌은 진흙을 가지고 항아리를 만들어 그 곳에 자신의 알과 먹이인 배추벌레를 넣은 다음 뚜껑을 덮고서 새끼를 기르는 본능이 있다.

이 항아리를 만들고 있을 때 항아리 옆 부분에다 나이프로 큰 구멍을 뚫어 보자. 그러면 벌은 항아리의 뚫린 구멍을 발견하기는 하지만, 결코 이것을 수리하지 않는다. 벌은 그저 다음의 일을 계속해 나갈 뿐이다.

그러므로 새끼들은 외부의 적의 침입에 무방비 상태가 되므로 항아리 안에 있다 해도 결코 안전할 수 없다.

이와 같이 사정이 변해도 정해진 일밖에 할 수 없는 것이 본능의 특징이다.

그러나 본능이지만 몇 번씩 되풀이해서 하는 경우가 없는 것은 아니다. 이를테면 도롱이벌레는 도롱이를 벗겨 알몸으로 해 놓으면 다시 먼지를 으깨어 도롱이를 만든다.

잎을 말아 집을 만들고 사는 배추벌레를 끄집어 내면 재빨리 다시 새로운 권통을 만든다.

앞에서 말한 애호리병벌도 진흙을 운반하고 있을 때 이것을 떼어 놓으면 다시 진흙을 운반해 온다.

거미 역시 그처럼 복잡한 방법으로 거미줄을 만드는 법을 누구로부터 배운 것이 아니다. 그것은 순전히 본능에 의한 것이다. 생각해 보면 정말 놀라운 일이 아닐 수 없다.

최초의 단락의 줄을 그처럼 훌륭한 방법을 사용하여 공중에 날려서 건너가는 것이나, 날줄을 걸 때 그물이 헝클어지지 않도록 균형을 취하면서 능숙하게 쳐 나가는 것이나, 씨줄을 치기 전에 정확히 발판의 줄을 준비하는 것, 또 끈적끈적한 씨줄과 달라붙지 않는 날줄을 정확히 분별하는 것도 모두 다

본능이다.

이러한 능력은 누구에게서 배운 것도 아니며, 스스로 생각해서 하는 것도 아니다. 그러므로 어느 왕거미이든 또 작은 새끼이든 그와 같은 방법으로 그물을 만들 수 있다.

거미의 이러한 재주는 슬기롭다는 사람들이 생각해도 더 이상 좋은 방법이 없을 정도로 이치에 꼭 맞기 때문에 정말 놀라운 일인 것만은 사실이다.

그러나 아무리 슬기로운 일이라 해도 자연의 상태에서 본능으로 일을 처리할 경우에는 도중에 뜻하지 않은 일이 일어날 때가 있다.

이 때에는 ‘이 정도 일도 모른단 말야’ 할 정도로 그 결점이 이내 드러나 버리고 만다.

● 영리하다는 것은 무얼까

그러면 앞의 이야기로 되돌아가 보자. 우리는 앞에서 왕거미가 그물을 치는 도중에 발판줄을 잘라 버리는 실험을 했다.

이것은 거미가 사정을 알고서 즉 슬기로워서 이와 같은 일을 하는 것인지, 아니면 아무것도 모르면서 하는 것인지 확인해 보기 위해 일을 하는 도중에 ‘사건’을 일으켜 본 것이다.

모처럼 준비가 끝나 마침내 끈끈한 씨줄을 치려고 할 때 별안간 앞에서 만든 발판줄이 모두 사라져 버렸다면 이것은 거미의 입장에서 생각해 보면 참으로 매우 큰 사건인 것이다.

지능에 의해서 행동하는 우리들이 만일 이러한 입장에 처하게 된다면 어떻게 하겠는가? 한 번 곰곰히 생각해 보자.

틀림없이 우선 깜짝 놀랄 것이다. 그리고 어떻게 해서 발판

🔺 금빛으로 빛나는 무당거미의 거미줄—둥근 거미줄의 앞·뒤 쪽에도 성긴 줄을 쳐서 세 겹으로 된 거미줄을 친다.

줄이 없어졌는지 그 원인에 대해 조사하거나 생각할 것이다.

그리고 발판줄이 없으면 일을 잘 진행할 수 없다는 것은 알고 있기 때문에, 다시 새로운 발판줄을 만들거나 또 다른 일을 하게 될 것이다.

만일 거미가 정말 슬기로워서 그와 같은 일을 행하고 있다면, 우리들이 지금 생각한 경우와 같은 일을 하게 될 것이 틀림없을 것이다.

그러나 만일 그렇지 않다면 거미는 이 대사건을 어떻게 해결할까? 도롱이벌레가 알몸으로 되었을 때에 다시 도롱이를 만드는 것처럼, 진흙을 빼앗긴 애호리병벌이 다시 진흙을 운반해 오는 것처럼 왕거미도 또 한 번 다시 기계적으로 발판줄을 걸 것인가? 또는 애호리병벌이 항아리의 뚫린 구멍을 수리할 수

🔻 거미는 먹이의 체액을 다 빨아먹으면 찢어진 거미줄을 수리한다.

없는 것같이, 발판줄을 치지 못하고 끈적거리는 씨줄을 치기 위해 매번 중심 쪽으로 다음의 날줄에 다리가 닿을 때까지 되돌아가서는 일을 계속해 나갈 것인가?

그렇지 않으면 또 일이 뜻대로 진행되지 않으므로 날줄까지도 부셔 버리고, 다시 처음부터 시작할 것인가? 또는 일이 잘 진행되지 않기 때문에 아예 단념해 버리고 중지할 것인가?

자, 거미는 이런 상황에서 어떻게 대처할까? 이것은 실로 재미있는 문제이다. 재빨리 실험해 보자. 그리고 생각해 보자.

여러분도 이와 같은 실험을 해 보고서 비로소 거미의 여러 가지 하는 일의 바른 뜻을 알 수 있게 될 것이다.

실제로 거미가 하는 일을 조금 관찰하는 것만으로는 거미가 매우 슬기로운 동물이라고 생각하기 쉽다.

그러나 이 실험에 의해서 거미가 하는 일이 슬기롭다든가 슬기롭지 못하다든가 하는 것과는 전혀 다른 성질의 것을 발견하게 될 것이다. 왜냐 하면 슬기롭다거나 슬기롭지 못하다는 표현은 지능으로서 여러 가지의 일을 하는 동물들을 조사할 때에만 사용하는 말이기 때문이다.

이야기가 조금 어렵게 된 것 같다. 그러나 여러분 정도라면 이 정도의 것은 충분히 이해할 수 있을 것이다. 잘 생각해 보도록 하자.

다음에서 실험 방법을 조금 바꾸어 다시 한 번 실시해 보자. 이번에는 거미에게 두 번 감기나 세 번 감기의 끈끈한 씨줄을 치도록 하고서 발판줄을 잘라 버린다. 한 테두리만도 좋다.

앞의 실험에서 잘 이루어지지 않은 사람이라도 이번에는 반드시 잘 될 것이다.

● 거리를 재는 방법을 아는 실험

왕거미의 그물을 보면 씨줄이 대개 규칙적인 간격으로 쳐져 있다. 거미는 어떻게 해서 이와 같은 일을 할 수 있을까?

이것은 아마 어떤 방법으로 줄과 줄의 거리를 재는 것인지도 모를 일이다. 거미가 씨줄을 칠 때의 동작을 주의 깊게 본 사람은 이에 대해서 두 가지 생각이 이내 머리에 떠오를 것이다.

하나는 발판줄로부터의 거리를 다리로 재는 것이 아닐까 하는 생각이고, 또 하나는 앞에서 친 씨줄을 의지하고서 거리를 정하는 것이 아닐까 하는 생각이다.

실제로 거미는 앞발을 쭉 뻗고서 앞에서 쳐 놓은 씨줄을 더듬는 일을 하기 때문이다. 그러면 어느 쪽의 생각이 올바른지 실험을 통해 살펴보도록 하자.

처음의 생각을 확인하려면 거미가 끈적거리는 씨줄을 치기 시작할 때에 발판줄을 한 곳만 잘라 놓고, 거기서 거미가 어떤 모양으로 씨줄을 치는가를 보면 된다.

이것은 이미 앞의 실험에서 발판줄을 잘라 본 사람들은 잘 알고 있을 것이다.

발판줄이 없어졌을 때 거미가 친 씨줄의 간격은 어떻게 되었을까?

그런데 그것이 아무렇게 되거나 그렇지 않거나 간에 두 번째 생각을 확인해 보기 위해 또 하나의 실험을 해 보자.

이번에는 거미가 씨줄을 치고 있을 때 발판줄은 그대로 놔두고 앞에서 친 씨줄을 한 곳만 잘라 놓는다. 자르는 것은 최

▲ 수평으로 바라본 거미줄—거미는 발판줄을 이용해 끈적끈적한 가로줄을 친다.

초에는 한 가닥만으로서도 충분하다.

이 실험을 할 때는 반드시 가위에 기름을 칠해 놓지 않으면 안 된다. 그렇게 하지 않으면 줄이 가위에 끈적끈적하게 달라붙어서 실패하기가 쉽다.

이렇게 한 다음 거미가 그물을 한 바퀴 돌고서 그 곳에 되돌아와 어떤 모양으로 실을 치는가를 주의 깊게 관찰한다.

줄의 간격이 헝클어지는지 그렇지 않으면 발판줄로부터 거리를 재며 규칙적으로 쳐 나갈 것인지 살펴보자.

한 번 실제로 실험해 보자. 거미는 여러분의 질문에 대답해 줄 것이다.

이것을 관찰했다면 다음에 2가닥이나 3가닥의 씨줄을 끊고 거미가 어떻게 행동하는가를 보도록 하자.

앞의 경우와 다른 일이 일어나지 않을까? 거미가 무엇을 의지하여 거리를 재는지 한 번 잘 생각해 보자.

● 씨줄을 모두 잘라 버리는 실험

지금의 실험에서 씨줄의 일부를 잘라 본 사람은 만일 씨줄을 모두 다 잘라 버리면 거미는 어떻게 할까 하는 궁금증이 반드시 머릿속에 떠오를 것이라고 생각된다. 궁금증을 풀기 위해 재빨리 실험해 보자.

새로운 그물을 찾아 발판줄을 방금 다 친 거미가 발견되면 가장 좋겠지만 두 번 감기나 세 번 감기 정도로 씨줄을 치기 시작한 것도 상관 없다.

기름을 바른 가위로 씨줄을 모두 잘라 버리되, 될 수 있는 대로 한 가닥씩 돌려 가면서 잘라 주는 것이 그물이 어긋나지

🔺 거미는 항상 발판실이나 씨줄 위로만 다니며, 먹이가 걸렸을 때라도 날줄 위로 다니는 일은 없다.

않기 때문에 좋다.

한 번에 한 곳의 씨줄을 모두 잘라 버리면 그 곳만이 벌어져 그물이 이상한 모양이 된다. 그러면 거미가 진동을 느껴 무엇인가 일아 일어난 것을 알고서 일을 중지하기 때문이다.

씨줄을 갓 치기 시작했을 때라면 이 번거로움은 없게 된다. 거미가 줄을 치는 대로 뒤를 따라가며 차례차례로 잘라 가면 된다.

그러면 어떻게 되겠는가? 거미는 바깥쪽의 한 가닥을 치기 위해 언제까지나 빙빙 돌고 있을까? 그렇지 않으면 일이 잇따라 망쳐지고 있음에도 불구하고 자꾸 가운데 한복판으로 쳐 나가겠는가?

이 실험에서 가장 중요한 문제는 그물에 충격을 주지 않도록 주의하는 일이다. 그물이 흔들리면 거미는 이것을 느끼고서 일을 중단하고 중심으로 돌아가 쉬거나, 때로는 줄을 타고서 달아나 버리기 때문이다.

또 때로는 벌레라도 걸려 들었는가 생각하고서 줄을 자른 곳으로 찾아오기도 한다.

만일 그러한 일이 있다면 거미가 씨줄의 끊어진 곳을 다시 만들려고 하는지 주의해 살펴보자.

● 거미는 어째서 거미줄에 달라붙지 않을까

곤충 따위는 닿자마자 이내 달라붙는 거미줄에 거미만은 어찌하여 달라붙지 않을까? 이 의문은 앞에서부터 지금껏 여러분의 머릿속에서 맴돌고 있었을 것이다.

실제로 자연을 연구하는 입장에서는 "자기가 만든 그물이기 때문에 붙지 않는 것은 당연한 일이다." 하고 간단히 취급할 수는 없다.

만일 그처럼 생각하는 사람이 있다고 하면, "당연한 일이라면 충분한 설명을 할 수 있을 것이다. 한 번 말해 보렴." 하고 반문해 보자.

이렇게 되면 설명하기가 매우 곤란할 것이다. 그리고 "당연하기는 하나 그 이유는 모르겠어." 하면서 슬쩍 넘어가려고 할 것이다.

우리들이 지금 문제삼고 있는 것은 그 이유이기 때문에, 당연한 일이라고 그냥 넘겨 버릴 수는 없다.

앞에서 여러분은 거미가 거미줄을 만들고 난 후 그 위로 걸어다닐 때 주로 어느 줄을 타고 다니는가를 관찰하였다.

그 때 여러분은 거미가 될 수 있는 대로 끈적거리지 않는 줄을 골라 타고 그 위를 사뿐사뿐 돌아다닌다는 것을 알았을 것이다.

그러나 이것은 거미가 스스로 달라붙지 않도록 조심하기 때문에 달라붙지 않는 것이 아니라, 끈적거리는 줄 위를 걸어가면 줄이 서로 붙어서 그물이 망가지기 때문에 걷지 않는 것이라고 생각된다.

어떻든 간에 거미는 끈적거리는 줄 위를 지날 필요가 있을 때에는 늠름하게 그 위를 걸어간다. 그렇지만 결코 거미줄에 달라붙는 불상사는 일어나지 않는다.

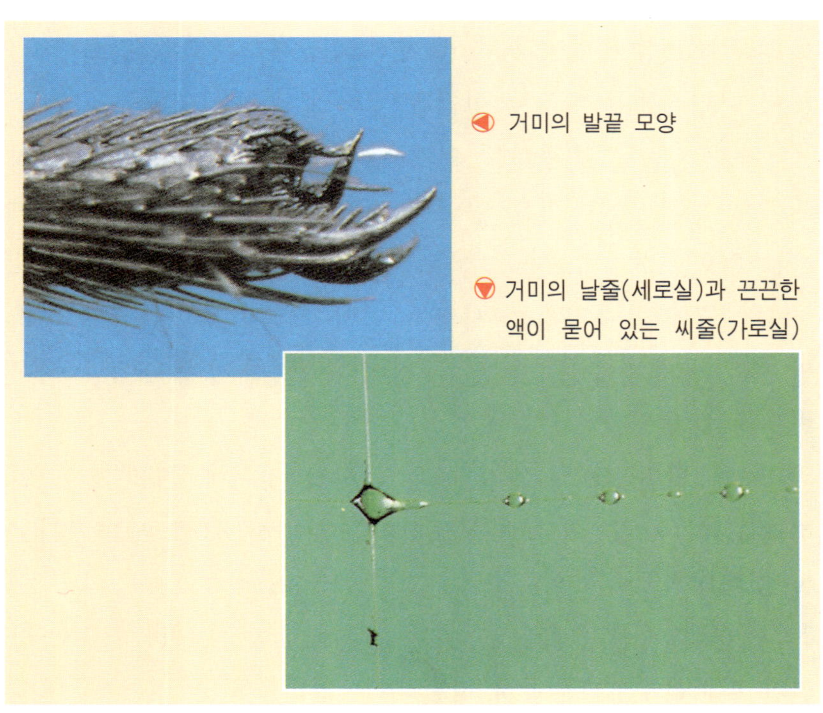

◀ 거미의 발끝 모양

▼ 거미의 날줄(세로실)과 끈끈한 액이 묻어 있는 씨줄(가로실)

그렇기 때문에 거미의 다리에 무슨 장치가 있는 것이 아닐까 하는 생각을 누구나 가지게 된다.

● 거미의 다리를 조사해 본다

먼저 다리 끝을 현미경으로 살펴보자. 다리 끝의 생김새를 보면, 거미가 어떻게 그 가는 줄을 능숙하게 타고 가는지, 또 가는 줄을 어떻게 교묘히 다루며 날줄과 씨줄을 걸어가는지를 알 수 있을 것이다.

거미는 다리 끝에 특이한 모양의 발톱을 가지고 있는데, 이 발톱을 사용해 거미줄 위를 다니고 있다.

그러면 이번에는 우리들의 문제로 되돌아가서, 이 발톱을 사용하면 왜 달라붙지 않는지를 살펴보자.

여기서 잠깐 사람들이 끈적끈적 달라붙는 것을 취급할 때 어떻게 하는가를 생각해 보자.

한 가지 방법은 떡이나 엿, 끈끈이 등이 손에 달라붙지 않도록 손에 물을 바르는 것이다.

설날이 다가와서 떡을 찧을 때 방아공이에 물을 바르거나, 떡을 손으로 다룰 때 흔히 손을 물에 적시는 것을 본 적이 있을 것이다. 또 끈끈이를 입김에 쐬거나 이것을 잠자리채 잡는 막대기에 붙일 때 손가락에 물을 적시면 잘 달라붙지 않는다는 것도 여러분은 알고 있을 것이다.

다른 또 하나의 방법은 가루를 발라 놓는 것이다.

떡이나 엿에 가루를 발라 놓으면 잘 달라붙지 않는다는 것도 다 알고 있는 일이다.

이 2가지 방법 중에서 가루를 바르는 방법은 끈기 있는 표면을 가루로 막아 주는 것이므로 거미의 경우와는 비교할 수 없다.

따라서 물기로 적시는 방법을 생각해 보면, 이 방법은 언제나 손이 젖어 있어야 하므로 되풀이해서 물이나 침을 발라 주지 않으면 안 된다. 그런데 거미가 그러한 행동을 하는 모습은 전혀 볼 수 없었다.

그렇다면 물과 같이 이내 증발하지 않고 손을 언제나 적시는 것이 있으면 된다. 그렇게 사용하기 좋은 것이 바로 기름이다. 따라서, 거미의 다리에는 기름이 있지 않을까 하고 생각할 수 있다. 동물의 몸에서는 곧잘 기름이 나오기 때문이다.

🔺 물방울이 맺힌 거미줄─벌레가 부딪히면 물방울이 떨어지면서 사냥감이 거미줄에 붙어 잡히게 된다.

● 거미의 다리를 씻어 보는 실험

새의 날개가 물에 젖지 않는 것은 꽁무니 위에 기름이 나오는 샘이 있어서, 새가 부리로 그 기름을 날개 표면에 발라 주기 때문이다. 동물원에서 물오리 등을 보고 있으면 여러 가지 행동을 하고 있다.

우리의 몸에서도 기름이 나온다. 콧등에서 나는 기름도 있고, 손바닥에서 나는 기름도 있다. 어머니가 바느질을 할 때 옷감에 바늘이 잘 들어가지 않으면 바늘을 머리에 문질러 주는데, 머릿기름을 발라 놓지 않은 머리에서도 잘 묻어진다.

여러분이 손으로 머리를 문질러 줄 때에도 기름이 손바닥에 묻게 된다. 또 수영을 할 때 물에서 나온 사람의 피부를 보면 물이 방울로 되어 떨어지고, 그 밖의 물도 이내 뭉쳐서 방울로 되어 버린다. 이러한 것은 모두 인간의 피부에서도 기름이 나오고 있다는 증거가 된다.

따라서, 거미의 경우도 기름이 나와 발톱을 적셔 놓지 않는가 하고 생각할 수 있다. 한 번 확인해 보자.

기름을 녹이는 것으로 거미의 다리를 씻어 본다. 비누를 충분히 푼 더운 물도 좋으며, 그보다는 옷에 묻은 때를 벗기는 벤젠이면 더욱 좋다.

이것을 붓에 묻혀 거미의 8개 다리의 끝 부분을 씻어 준다. 만일 거미의 다리에 기름이 묻어 있다고 하면 이것으로 완전히 씻어지게 될 것이다.

이 거미를 본래의 그물 한쪽에 놓아 보자. 그러면 재미있는 일이 일어날 것 같다(실험의 결과를 반드시 노트에 기록해 놓는다).

● 자연 연구의 재미

왕거미의 연구는 이 정도로 일단 마치도록 하겠다. 그 동안 여러분은 참으로 많은 것을 느끼고 깨닫게 되었을 것이다.

그물을 만드는 모양을 처음으로 자세히 관찰하고 조사하면서 여러 가지 새로운 사실도 알게 되었을 것이다.

아무것도 모르고 지내는 사람들에게는 왕거미 따위는 정말 '가치 없는 것'으로 보일지 모르겠지만, 여러분은 이제 그렇게 생각하지 않을 것이다. 여러분은 이제 다른 사람들이 도저히 따라갈 수 없는 거미에 대한 전문적인 지식을 갖추었기 때문이다.

여러분은 지금까지의 연구로 거미라고 하는 동물이 매우 재미있는 동물이라고 느끼게 되었을 것이다.

또 자연이라고 하는 것은 스스로 나아가서 조사해 보면 끝이 없을 정도의 재미와, 상상할 수 없을 만큼의 깊은 지식을 가르쳐 주는 위대한 선생님이라는 사실도 깨닫게 되었을 것이다.

이제 다음에서 여러분을 좀 더 재미있고 흥미로운 거미의 세계로 안내해 보려고 생각한다.

거미의 공중날기

거미의 낙하산 부대

● 거미도 하늘을 날까

　날개가 없는 동물 중에서 하늘을 날 수 있는 것을 물어 본다면, 여러분은 당장 우리들 인간이라고 대답할 것이다.

　그러면 사람 외에는 아무것도 없을까? 이렇게 반문하면 약간 주저하게 될 것이다.

　날다람쥐와 날도마뱀은 약간 예외이지만 진짜 날개가 없어도 하늘을 날 수는 있다. 하지만 그것들은 날개를 대신할 만한 넓은 막이 있으므로 날개가 있는 무리로 취급해도 좋을 것이다.

　질문은 그와 같이 특별한 도구를 가지지 않은 동물이 하늘을 나는 경우에 관한 것이다.

　아마 생각이 잘 떠오르지 않을 것이다. 무엇이라고? 거미라고? 그러면 거미는 어떻게 해서 하늘을 날 수 있을까?

　사람이 처음으로 기구를 만들어서 하늘 높이 올라갔을 때, 인류는 이것을 매우 명예롭게 생각했다.

　사람의 훌륭한 지혜에 의해서 비로소 하늘을 정복했다고 매우 기뻐했던 것이다. 그러면 그것은 도대체 어느 때의 일일까? 겨우 200여 년 전의 일이다.

　그런데 본능에 의해서 살아가는 동물 중에는 수만 년 또는 수십만 년 전이 될 정도로 오래 전부터 날개가 없는데도 하늘 높이 날아 먼 곳까지 갈 수 있는 것이 있었다. 그것이 바로 거미이다.

🔺 거미는 가을이 되면 짝짓기를 하는데 암컷이 더 크다.

그러나 거미라고 해서 모두 하늘을 날 수 있는 것은 아니다. 아니, 대개의 거미는 공중을 날 수 있었다. 그러나 몸이 커지면서 날 수 없게 되어 버린 것이다.

한평생 한 번은 넓고 넓은 하늘로 날아 올라가 유유히 헤매게 된다. 이것은 본능이지만 실로 재미있는 일이기도 하다.

한평생 단지 한 번만, 그것도 몸집이 작을 때 할 수 있는 것이다.

● 어미거미를 닮은 새끼거미

여름에서 가을 사이는 거미들이 번식하는 때이다. 수컷은 암컷을 찾아 나서기 전에 먼저 거미줄을 치고, 그 위에 정액을 분비한다. 그런 다음 그 정액을 더듬이다리 위에 달린 공 모양의 주머니 속에 옮겨 담고 암컷을 찾아 나선다.

　짝짓기할 때 수컷이 암컷에게 다가가 더듬이다리를 암컷의 생식기 안에 밀어 넣으면 비로소 짝짓기가 이루어진다.

　대부분의 수컷은 짝짓기를 마치고 나서 무사히 암컷의 곁을 떠나가지만 몇몇 수컷은 암컷에게 잡아먹히기도 한다. 그래서 짝짓기하기 전이나 짝짓기를 할 때 수컷은 매우 조심해야 한다.

　거미는 종류에 따라 암컷을 유혹하는 방법도 아주 다르다. 어떤 거미는 춤을 추며 자신의 색깔을 자랑하기도 하고, 어떤 거미는 마치 북을 치듯 자신의 거미집을 두들겨 암컷의 관심을 끌기도 한다.

　어떤 수컷은 암컷에게 먹이를 선물한 후 암컷이 먹이를 먹는 동안 짝짓기를 끝내고 재빠르게 도망을 가기도 한다.

　짝짓기가 끝나면 암컷은 안전한 곳이나 자신의 집에 한 번 또는 여러 번에 걸쳐서 알을 낳는다.

🔺 긴호랑거미의 알주머니—튼튼한 주머니가 비나 서리로부터 알을 보호한다.

🔺 **새끼거미의 탄생**—알주머니를 뚫고 나온 새끼거미들은 서로 도와 가며 실을 내뿜어서 그물을 친다.

거미가 알을 낳을 때는 먼저 실을 뽑아 내어 바닥을 만들고, 그 위에 알을 낳는다. 그리고 알 위에 다시 또 실을 뽑아 내어 알을 감싼다.

알을 감싸는 실은 보통 때 뽑아 내는 실과는 다르다. 보통 3겹으로 되어 있는데, 안의 2겹은 비교적 부드럽고 바깥쪽의 1겹은 딱딱하여 물도 스며들지 않는다.

어떤 암컷은 알을 낳은 후에 알 옆에서 알을 보호하고, 어떤 암컷은 알이 깰 때까지 기다렸다가 자신의 몸을 새끼들의 첫 번째 먹이로 내어 주고 죽기도 한다.

알에서 깬 새끼거미는 알주머니 속에서 껍질을 한 번 벗은 후에나 알주머니를 떠나간다. 어떤 새끼거미는 알주머니에서 나오자마자 스스로 먹이를 찾아다니기도 하지만, 한동안 어미의 도움을 받아야 하는 새끼거미도 있다.

● 새끼거미가 태어나면

알에서 깨이면 깨알과 같은 작은 새끼거미로 태어난다. 새끼거미는 잠시 동안 주머니 속에 가만히 있지만 이내 주머니를 뚫고 밖으로 기어 나온다.

밖으로 나온 거미는 2~3일 동안 주머니 위나 주위의 나뭇잎 그늘 등에 덩어리처럼 새까맣게 모여서 움직이지 않는다.

독거미 등에서는 어미거미의 배 위에 가득히 모여 있기 때문에, 이상한 무늬가 있는 다른 종류의 거미로 착각하게 되는 경우도 있다.

태어나서 며칠이 지나면 새끼거미는 갑자기 흩어지기 시작하는데, 늦가을 무렵에 깬 새끼거미는 햇볕이 잘 드는 곳에 모여 아무것도 먹지 않고 겨울을 난다.

🔺 새끼거미들은 한데 뭉쳐서 독립할 때까지 함께 살아간다.

앞에서 말한 독거미의 새끼들은 어미의 등에 모여 있는 채로 겨울을 난다. 자칫 잘못해서 등에서 떨어지면 재빨리 어미의 몸 위로 다시 기어 올라가 형제들 속으로 파고 들어간다.

어미거미는 날씨가 좋은 날에는 수백 마리가 되는 새끼를 업은 채 햇볕이 잘 드는 양지로 나가서 몸을 녹인다.

새끼거미는 이 동안에는 아무것도 먹지 않는다. 가끔 어미거미가 물을 마실 때, 등에서 내려와 함께 마시는 정도라고 한다.

물 외에는 아무것도 먹지 않는데 이들이 어떻게 몇 달 동안이나 살아갈 수 있는지 매우 이상하다. 하지만 어떤 사람은, "아마 이것은 태양의 열을 그대로 영양의 칼로리로 바꾸는 것이 아닐까?"라고 말하기도 한다.

우리들이 음식물을 섭취하는 것은 결국 그것을 뱃속에서 소화시켜 특별한 방법으로 연소시킨 다음 몸을 움직이는 데 필요한 힘과 열을 얻기 위한 것이다.

그러므로 만일 태양의 열을 그대로 자기 몸을 움직이는 데 필요한 힘과 열로 바꿀 수 있다면 이보다 더 좋은 방법은 달리 없을 것이다.

사람도 이와 같은 일을 할 수 있다면, 가끔 양지에서 몸을 녹이는 것으로서 자연적으로 배가 불러져 아무것도 먹지 않아도 될 것이다. 하지만 유감스럽게도 사람은 이와 같은 곡예를 할 수 없다.

그런데 새끼거미가 태양열을 실제로 에너지로 이용하는 것인지는 아직 의심스럽다. 또한 알에서 방금 깬 새끼거미의 몸에 겨울 동안 지낼 수 있을 만큼의 양분이 들어 있는 것인지도 아직은 알 수 없는 일이다.

● 새끼거미가 하늘을 나는 것은

이야기가 약간 빗나간 것 같다. 다시 본론으로 되돌아가서 이야기해 보자.

가을에 알에서 깨어난 새끼거미들은 봄이 올 때까지 수백의 형제들이 조용히 모여서 추운 겨울을 보낸다. 그리고 이윽고 봄이 와 날씨가 따뜻해지면 새끼거미들은 활기차게 모두 다 무리에서 떨어져 나가 사방팔방으로 흩어지기 시작한다.

이 때에는 '거미가 새끼를 퍼뜨리는 것처럼'이란 말이 있듯이, 함께 자라난 형제 자매가 각각 자기 나름대로의 방향으로 흩어져 간다. 이로부터 혼자서 살아가지 않으면 안 될 생애의 출발을 하는 것이다.

🔻 새끼거미가 바람에 날리는 실에 매달려서 새로운 곳을 찾아가고 있다.

새끼거미는 원기 왕성하게 기어 나가지만 무엇인가 맞닿게 될 때에는 이내 그것을 타고 기어 올라가게 된다. 나무나 돌, 또는 흙이거나 어떤 것에도 상관없이 자꾸자꾸 위로 기어 올라간다.

바람도 없고 햇볕이 따뜻하게 내리쬘 때면 그들은 재빨리 공중 여행을 떠날 준비에 들어가게 된다.

우선, 막대기의 꼭대기에서 새끼거미들은 꽁무니를 높이 쳐들고 그 곳에서 매우 가는 줄을 여러 개 밀어 낸다.

아지랭이가 일고 있는 따뜻한 봄날이기 때문에, 공중에는 데워져서 가벼워진 공기가 아래쪽에서부터 위쪽으로 조용히 흐르고 있다. 그러면 이 공기의 흐름을 타고서 새끼거미가 내미는 줄은 이내 하늘 위쪽으로 날아 올라가려고 한다.

한편 거미는 막대기 끝에 꼭 붙어서 곧 낚여 올려갈 몸을 받치고 계속 줄을 내밀고 있다. 그 줄이 거미가 만족할 만한 길이로 되었을 때 새끼거미는 비로소 잡고 있던 다리를 놓는다.

실은 이내 공기의 흐름에 휘날려 새끼거미를 아래에 건 채로 하늘 높이 계속 올라간다.

따뜻한 햇볕이 내리쬐는 봄날이나 아지랭이라도 피어올라갈 듯한 가을에, 여러분은 하늘에 반짝이는 은빛의 가느다란 줄이 떠 있는 것을 본 일이 있을 것이다. 사람들은 이것을 유사 또는 양염사라고 하는데, 이것이 바로 새끼거미가 하늘에 떠 있는 낙하산이다.

그러면 새끼거미는 무엇 때문에 낙하산을 타고서 하늘을 나는 것일까?

땅거미와 같이 한평생 땅 속의 주머니 속에서 살고 있는 것에도, 또는 깡충거미나 닷거미와 같이 먹이를 찾아 걸어다니는 무리도, 이 밖에 공간에 함정을 만들어 놓고 벌레를 잡는 무리서도 어릴 때에는 이와 같이 하늘을 여행한다.

그렇다면 이들이 이와 같은 공중 여행을 하는 까닭은 도대체 무엇 때문일까?

그것은 식물의 종자가 여러 가지 장치에 의해 멀리 흩어져 나가는 것과 똑같은 자연의 이치이다. 모두가 한 곳에 모여 있으면 먹이를 충분히 취할 수 없기 때문이다.

게다가 무슨 커다란 사건, 이를테면 홍수가 나거나 산불이 나거나 또는 대지진이 생겨 육지가 바닷속으로 가라앉는 일이 일어났을 때, 무리가 한 곳에 모여 있으면 한꺼번에 모두 다 멸망해 버리게 된다. 그러나 곳곳에 흩어져 있으면 그러한 걱정은 없다.

이렇게 볼 때 거미가 걸어서 멀리 흩어지는 것은 신체 구조상 매우 어렵다. 그러나 공기의 흐름에 몸을 맡기고 하늘에 떠서 운반되어 가는 쪽이 훨씬 멀리 흩어질 수 있고, 또 힘도 적게 들 것임은 말할 나위도 없는 것이다.

● 식물의 종자가 흩어지는 방법

여기서 식물의 경우를 한 번 생각해 보자. 식물의 종자가 흩어지는 방법에도 매우 기발한 것이 있다.

단풍이나 소나무의 종자와 같이 날개가 붙어 있어서 바람에 날려 가는 것이 있는가 하면, 민들레와 같이 털이 나 있는 씨방이 있어서 바람에 실려 날아가는 것도 있으며, 봉숭아나 제비꽃같이 껍질이 터지면서 튀어나가는 것도 있다.

이 밖에 사람이나 동물의 몸에 붙어서 멀리 운반되는 쇠무

🔺 민들레는 바람에 갓털을 맡겨서 멀리까지 자손을 퍼뜨린다.

릅이나 진득개미나리류, 또는 물에 떠서 멀리 운반되는 야자, 그 밖에 과일을 동물이 먹도록 하여 종자만이 살아 남아 멀리 흩어지게 하는 것들도 있다.

이렇게 생각해 보면, 많은 과일을 생산해 그 좋은 향기와 맛을 즐기고 또, 이들 과일을 세계 각지로 보내는 사람들도 어찌 보면 과일나무가 종자를 퍼뜨리는 데 도움을 주고 있는 것이나 마찬가지라고 할 수 있다.

이와 같은 여러 가지 종자 번식 방법 중에서 거미의 낙하산과 가장 비슷한 것은 어느 것이 되겠는가?

물론 민들레일 것이다. 민들레 종자 자신이 어떻게 해서 하늘을 날게 되는지를 모르는 것처럼, 새끼거미도 자신이 무엇 때문에 실을 공중에 흘려서 하늘에 낙하산을 만들고, 또 그것을 잡고 공중을 떠다니는지는 모른다.

왜냐 하면 그것은 생각에서 나오는 행동이 아니라 본능에 이끌려서 나오는 것이기 때문이다.

● 새끼거미는 몇 번 날까

새끼거미의 낙하산에 대해서 지금 이야기한 것은 세상에 널리 알려져 있는 사실이지만, 이 중 사실보다 약간 지나친 것이 있다. 그것은 바로 새끼거미가 한평생 단지 한 번밖에 하늘을 날지 않는다는 사실이다.

● 어미거미를 닮은 새끼거미는 여러 차례 허물을 벗으면서 크게 자란다.

🔺 새끼거미가 공중 여행을 끝내고 새로운 곳에 최초로 거기줄을 만들었다.

 내가 본 것 중에는 새끼거미가 기나긴 한 가닥의 줄을 잡고서 하늘을 날고 있었던 예가 많이 있다.

 그러나 줄을 잡고 있는 새끼거미는 아무리 생각해도 알에서 막 깬 것에서 약간 큰 정도였다. 실제로 이와 같은 거미 중에는 5밀리미터 정도로 자란 것까지 발견된 적이 있다.

 이러한 것을 미루어 보면, 거미의 새끼가 하늘을 나는 시기는 몸무게가 그리 무겁지 않은 동안에는 언제든 날고 있다는 얘기이다.

 그리고 날 때에는 처음부터 날기 위해 줄을 흘린 것인지, 그렇지 않으면 단락의 줄을 치기 위해 흘린 줄이 하늘로 날아올라가 거미가 떠 있게 된 것인지는 아직 확실히 알지 못하고 있다.

이것은 거미가 날기 시작할 때의 상태를 보면 알 수 있겠지만 일부러 난다고 하는 사람도 있다.

이와 같이 조금 커져서 나는 거미는 대개 길다란 한 가닥의 줄의 한복판을 잡고 있으므로 눈이 밝은 사람이라면 하늘에 떠 있는 모양을 똑똑히 볼 수 있다.

또 가끔 거미가 하늘에 흐르고 있는 줄을 타고서 기어가는 모양도 볼 수 있다.

새끼거미가 평생 동안 한 번이 아니라 여러 번 공중을 난다고 해도, 거미와 같은 동물이 어릴 때에 공중을 나는 일이 있다는 것은 매우 흥미로운 일이 아닐 수 없다.

거미의 종류와 생활

거미의 종류

● 거미의 종류와 다양한 습성

현재 전세계에는 약 200만 종의 동물이 있는 것으로 알려져 있다. 그 가운데 절지 동물은 약 88만 종이 있다.

그 중에서 곤충은 약 75만 종, 거미·전갈·진드기 무리는 약 6만 종이 있는데, 거미만도 3만 종이나 된다고 한다. 우리 나라에는 약 600여 종이 있는 것으로 알려져 있다.

거미 무리는 곤충과는 견줄 수가 없지만, 그래도 많이 번성하고 있는 무리라고 할 수 있다. 종류 수만이 아니라 분포하는 지역도 무척 넓어서 북극과 남극 이외의 거의 모든 지방에 살고 있다고 보아도 좋을 정도이다.

이렇게 거미가 번성하고 있는 이유의 한 가지는 거미의 먹이가 되는 곤충이 거미 이상으로 번성하고 있다는 점을 들 수 있다. 거미는 그 모든 종류가 살아 있는 먹이만을 먹는 육식성의 동물이다.

이 점에서 육식성이나 초식성 등 여러 가지 종류가 있는 곤충에 비해서 살아가는 방식이 한정되어 있기는 하나, 거미 전체를 살펴보면 그 살아가는 모습이 꽤나 다양하다.

거미줄을 치지 않는 종류로는 땅 위를 걸어다니며 먹이를 찾는 늑대거미나 닷거미 무리가 있고, 식물의 잎이나 나뭇가지 또는 꽃 위 등에서 먹이를 잡는 살받이게거미, 게거미, 깡충거미 무리 등이 있다.

거미줄을 치는 종류로는 둥근 거미줄을 치는 산왕거미나 호

🔺 꿀벌을 잡은 살받이게거미—하얀 꽃잎처럼 꽃 속에 숨어 있다가 먹이가 다가오면 잡아먹는다.

랑거미 무리, 선반 거미줄을 치는 잎거미 무리, 접시 거미줄을 치는 접시거미 무리 등이 있다.

그 밖에 땅 속에 집을 짓는 싸립문거미, 문닫이거미, 땅거미 무리와 물 속에 집을 짓는 물거미 무리 등이 있다.

● 입에서 줄을 토해 내는 거미

보통 거미는 모두 다 배 뒤쪽에 있는 사마귀, 즉 주우(방적 돌기라고도 함)로부터 줄을 밀어 내지만 뜻밖에도 줄을 입에서 토해 내는 거미가 있다. 이 재미있는 거미는 다름 아닌 아롱가죽거미이다.

아롱가죽거미는 몸의 크기가 겨우 6~7밀리미터, 약간 누르스름한 흰 바탕에 붓으로 살짝 스친 것 같은 검은 무늬가 있는 거미이다.

인가에 살고 있으며, 선반이나 천장 구석 등에서 쉽게 발견된다. 운동은 그리 활발하지 못할 뿐 아니라, 또 둥근 그물을 치는 무리이면서도 그물을 치려고 하지 않는다.

그러면 이 거미는 무엇을 잡아먹을까? 이 거미는 흥미롭게도 같은 거미의 무리인 말꼬마거미, 즉 줄무늬 그물이나 바구니그물을 치고서 집 안을 더럽히는 말꼬마거미를 습격해 잡아먹는다. 물론 이것은 말꼬마거미만이 아닌지도 모른다.

이 진기한 습성을 발견한 연구자는 우선 말꼬마거미를 가는 원통 모양의 긴 병에 넣어 줄을 치도록 해 놓고, 그 곳에 아롱가죽거미를 넣고서 관찰해 보았다.

그랬더니 이 거미는 살금살금 말꼬마거미의 그물로 건너가 그물의 주인(말꼬마거미)이 "좋은 먹이가 걸려들었구나!" 하고 끈끈한 줄을 던지기 시작한 찰나 입에서 끈적거리는 액체를 뱉어 냈다.

이 액체는 투명하여 사람 눈에는 잘 보이지 않았다. 하지만 액체를 덮어 쓴 말꼬마거미는 다리 등이 달라붙은 채 심하게 허우적거렸다.

그 동안에 액체가 말라붙어 가는 그물의 줄로 변하면 상대는 이것에 얽어 매인 것처럼 싸여 버렸다. 그러면 비로소 아롱가죽거미는 먹이에 입을 대고서 빨아먹기 시작했다.

이 거미가 입에서 액체를 토해 내는 자체가 매우 빠른데다 액체 또한 투명하기 때문에 관찰을 시작할 때에는 액체가 어

🔺 다리를 뻗으면 X자 모양이 되는
호랑거미(수컷)의 흰띠

🔻 울도응달거미의 흰띠

🔻 먹이 찌꺼기와 티끌로 만든
흰띠 위어 숨은 먼지거미

🔺 긴호랑거미(새끼거미)의 흰띠

🔺 거미는 적의 눈에 띄지 않기 위해 그물 한가운데에 많은 실로 만들어진 흰띠를
만들어 놓고 은신 장소로 이용하는 습성이 있다.

디에서 나오는지 잘 알 수 없었다.

그러나 연구자가 고심하여 관찰해 본 결과, 마침내 입에서 나온다는 것을 알게 되었다. 이처럼 재미있는 습성을 가진 거미는 지금도 많이 알려져 있지 않다.

● 물고기를 잡는 거미

이번에는 다른 나라에서 관찰된 것으로, 우리 나라에서도 볼 수 있는 거미에 관한 이야기다.

오스트레일리아·미국·인도에서 물고기를 잡는 거미가 발견되고 있다.

오스트레일리아에서 거미가 물고기를 물고 있는 것을 처음으로 본 사람은 거미에 대해서 잘 알지 못했던 사람이었다. 그래서 그는 거미가 물고기를 낚았다고 사람들에게 말했다. 이 일로 이 거미는 '물고기를 낚는 거미'라고 해서 매우 유명하게 되었다.

그러나 그 후 여기저기에서 이 거미가 물고기를 잡는다는 것이 알려졌으나, 이번에는 '이 거미가 물고기를 낚는 것이 아니라 물 속에 그물을 쳐 놓고 물고기를 그물로 잡는 것이다.'라는 말로 바뀌어졌다.

만일 실제로 거미가 줄을 늘어뜨려 물고기를 낚아 올리거나 그물을 물 속에 늘어뜨려서 물고기를 잡아 올린다고 하면 그것은 매우 재미있는 일이 아닐 수 없다.

그러나 그 후 각각의 지방에서 학자들이 조사한 바에 의하면 실제로 낚는 것이 아니며, 또 그물을 쳐 놓는 것도 아님이 밝혀졌다.

🔺 수면에서 본 물거미의 집

▶ 물 속을 헤엄치는 거미

　그러면 어떻게 해서 물고기를 잡을까? 그 방법은 곰이 연어를 잡는 방법과 매우 닮았다.

　이렇게 물고기를 잡는 거미는 닷거미류로, 이들은 물의 표면 장력을 이용하여 물 위를 달릴 수 있는 능력을 지니고 있었다. 따라서, 물 위에 몸을 띄우고서 아래에 물고기가 가까이 오는 것을 기다리고 있다가 낚아채는 것이었다.

　오스트레일리아의 거미 연구학자가 쓴 책에 의하면, 거미가 이와 같이 물 위에서 물고기를 기다리는 곳은 대개 바위가 연못 속으로 쑥 내밀고 있는 곳이며, 거미는 조심스럽게 1개의 다리를 바위에 걸고 있다는 것이다.

　이 모습은 흐르는 물 속에 서서 연어가 자기 옆으로 지나가기를 눈을 부릅뜨고 기다리고 있는 곰의 모양과 꼭 닮은 것이라고 할 수 있지 않을까?

단지 다른 점은 곰은 조금도 위험을 걱정할 일이 없지만, 이 거미는 목숨을 잃을지도 모르는 위험이 있다는 것이다. 그것은 언제 큰 물고기가 갑자기 떠올라 거미를 단번에 삼켜 버릴지 모르기 때문이다.

그리고 또 하나는 곰의 경우에서는 연어가 많이 다가오기 때문에 조금도 기다릴 필요가 없지만, 거미 쪽은 끈기 있게 오래 기다리지 않으면 안 된다는 점이다.

실제로 이 거미는 떠 있는 채로 1시간이나 2시간이나 적당한 물고기가 가까이 오기를 기다리고 있다는 것이다. 그 동안에 말 그대로 생명을 걸고서 버텨야 하므로 거미로서는 매우 어려운 일이라고 아니할 수 없다.

🔺 **물거미의 공기방**—물거미는 물 속에 잠수하여 물풀 근처에 종 모양의 집을 짓는다.

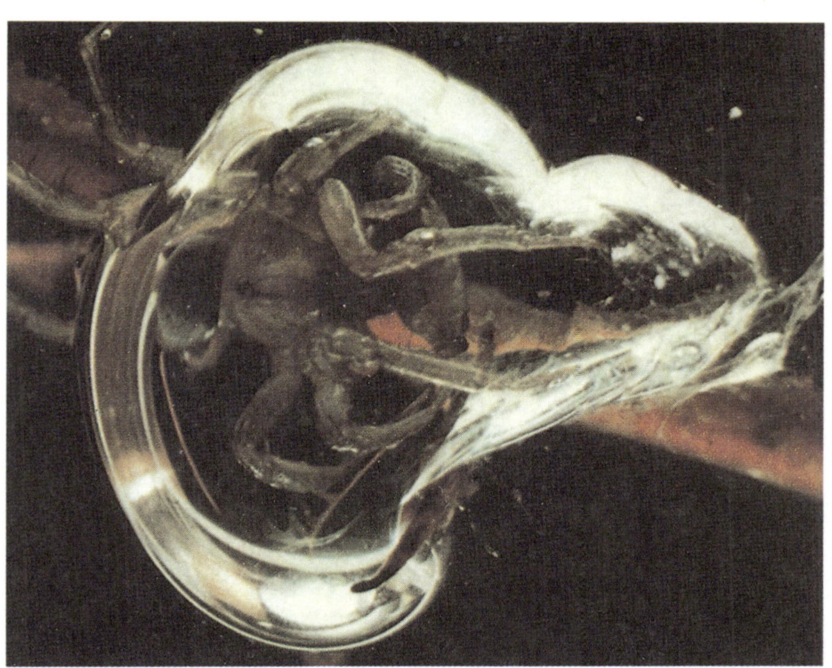

🔺 **물거미**—잠수하는 거미로 거품을 저장해 놓고 먹이가 지나가는 것을 기다린다.

그러나 거미는 이러한 일을 해 치우며, 최후에는 물고기를 잡게 되는 것이다.

사람은 이 거미가 사냥하는 만큼의 인내심이 없기 때문에, 야외에서 거미가 물고기를 잡는 것을 본 사람이 극히 드문 것 같다.

그러나 어떤 사람은 이 거미를 어항에 넣어 두고서 거미가 금붕어를 잡는 모습을 직접 관찰했다고 한다.

그 사람 말에 의하면 거미는 금붕어가 제 다리 아래로 가까이 왔을 때 재빨리 물 속으로 들어가 금붕어에 달라붙어서 독이 있는 날카로운 이빨로 찔렀다고 한다. 그러자 금붕어는 잠시 동안 흐느적흐느적 헤엄쳐 다니더니 마침내는 힘없이 죽어 갔다는 것이다.

그런데 물고기가 헤엄쳐 다니는 동안 거미는 물고기를 물고 물 속을 돌아다니지만 물고기가 죽으면 가장자리로 끌어올려 그 곳에서 이내 먹기 시작했다고 한다.

어느 거미나 보통은 먹이의 생피를 빨아먹지만, 이 물고기는 그대로 먹었다는 것이다.

더욱이 어떤 학자는 "물고 있는 동안에 침이 많이 나와 물고기를 녹이면, 그 때 그 즙을 빨아먹지 않을까?"라며 이 거미에 대한 의견을 제기했다.

이 재미있는 물고기잡이를 하는 거미의 몸의 크기는 1.5센티미터 정도이지만 잡히는 물고기의 크기는 6~7센티미터나 되었다고 한다.

또, 이 거미가 금붕어를 기르는 연못에 많이 모이게 되면 거미 때문에 죽는 금붕어가 많이 생기게 되어 금붕어를 기르는 사람이 받는 손해는 결코 적지 않다는 것이다.

이것은 외국에서 조사한 것인데, 이러한 거미가 우리 나라에도 있을는지 모르는 일이다. 누구든지 한 번 끈기 있게 조사해 보도록 하자.

닷거미

색깔은 엷은 누런색을 띠며, 등 쪽의 중앙에 세로로 폭이 넓은 갈색의 줄무늬가 있고, 그 양쪽에는 흰색의 세로줄 무늬가 붙어 있다.

서로 닮은 두 가지 종류가 있는데, 한 종류는 약간 뚱뚱하며 등의 한복판에 있는 갈색의 세로줄 무늬가 굵기 때문에 '굵은줄닷거미'라 하고, 또 다른 한 종류는 몸이 홀쭉하고 가운데 세로줄 무늬가 가늘기 때문에 '가는줄닷거미'라고 한다.

▲ 물 속에서 산란하는 물거미

양쪽 다 색깔이나 무늬가 여러 가지로 변해 있는 것이 있으므로, 여러분이 조사할 때에는 거미를 잡아 선생님께 보여 확인하도록 한다.

다음에서 이들 두 종류의 거미를 어째서 물고기를 잡는 거미라고 하는지 그 이유를 알아보기로 하자.

첫째로, 이들 거미는 앞에서 말한 바와 같이 외국의 거미와 같은 무리에 속하는 닷거미라는 것이다.

말할 것도 없이 종류는 다르지만 매우 인연이 가까운 것이므로, 생활하는 방식도 서로 닮았을 것이 틀림없다.

둘째로, 이 거미는 밭 가장자리라든가 물이 괴어 있는 습지 등에 많이 살고 있다는 점이다.

셋째로, 이 거미는 필요에 따라 수분 동안 물 속에 잠수할 수 있다는 것이다.

🔺 닷거미는 부화할 때가 되면 알주머니를 나뭇가지에 붙이고 그 주위에 그물을 친 다음 그 위에 앉아서 알을 보호한다.

넷째로, 이 거미는 곧잘 올챙이를 잡아먹는다는 것이다. 물고기를 잡아먹는 외국의 닷거미도 올챙이를 잡는 일이 자주 있다고 한다.

이 네 가지 이유를 통해 볼 때, 굵은줄닷거미나 가는줄닷거미의 경우도 물고기를 잘 잡을 거라는 생각이 든다.

참고로 이들 닷거미에 대해서 조금 더 이야기를 해 보겠다.

이 종류의 거미는 성장할 때는 전혀 그물을 만들지 않는다. 주로 습지에서 살고 있다고 앞에서도 말했는데, 밭이나 초원과 같은 건조한 장소에도 있으며, 때로는 사람이 사는 집 안으로 들어오기도 한다.

다리가 발달해 빨리 잘 달린다. 먹이를 잡기 위해 그물을 사용하는 일이 없고, 돌아다니다 먹이가 발에 닿으면 이것을 이내 잡아 버린다.

더욱이 먹이를 찾고 있을 때에는 그리 빠르게 달리지는 않으나 다리의 감각이 매우 예민해서 벌레가 다리에 조금이라도 닿으면 재빠른 동작으로 이것을 습격한다.

어미거미는 줄로 둥근 주머니를 만들어 알을 넣은 다음 이 알주머니를 입으로 물고 돌아다닌다.

알에서 깨어난 새끼거미가 공중 여행을 하여 흩어진다는 것은 다른 거미와 마찬가지만, 새끼 시절에는 가게거미의 그물과 비슷한 그물을 만들어서 이것으로 먹이를 잡아먹는다.

그러나 자라면서 그물 만드는 일은 완전히 잊어버리고 돌아다니며 먹이를 잡는 습성을 갖게 된 것이다.

이와 같이 새끼 때와 어른 때와 살아가는 방법이 다른 것도 모두가 본능에 의한 것이다.

어미거미가 곧잘 물가에 있다는 것은 앞에서 설명하였는데,

쫓기거나 하면 실로 능숙하게 물 위를 잘 달린다.

이것은 소금쟁이와 같이 물 위를 미끄러져 나가는 것이 아니라, 땅 위를 걷는 것과 같이 다리를 움직이면서 걷는 것이라 그 모습에 놀라지 않을 수 없다.

더욱이 이 거미는 몸의 생김새가 소금쟁이처럼 가볍지도 않고, 수상 생활에 적당하게 되어 있지도 않다. 그래서 다른 거미 같으면 이내 물에 빠질 것이 뻔하다. 그렇다면 이 닻거미는 어떻게 해서 몸을 물 위에 지탱하고 있는 것일까?

그 이유는 오로지 다리에 나 있는 털의 작용에 의한 것이다. 그리고도 또 이 거미는 가끔 물 속에 들어가 잠수를 하기도 한다.

이에 대해서 옛날 내가 관찰한 것을 여기서 말해 보겠다.

나는 어느 해 초여름(6월 하순께), 서울에서 4~5킬로미터 떨어진 깊은 산 속에 놀러 간 일이 있었다.

그 곳에는 맑은 물이 솟아 나오는 샘이 하나 있었으며, 가장자리에는 아름다운 물풀이 많이 나 있었다.

또 샘 가까이에는 오리나무를 비롯하여 많은 수목이 우거져 있었으며, 지면에는 여러 가지 습지 식물이 나 있었고, 벌레를 잡는 것으로 유명한 끈끈이주걱 등도 섞여 있었다.

그런데 내가 이 샘이 있는 곳으로 간 까닭은 두 가지 목적이 있었기 때문이다.

그 하나는, 오리나무의 잎사귀를 먹고 성장하는 아름답고도 작은 녹색부전나비의 애벌레를 채집하기 위해서였다.

이 나비의 수컷은 날개 표면이 녹색으로 반짝이고 있어서 소년 채집가였던 나에게 동경의 과녁이 되어 있었다.

또 하나의 목적은, 다음에 말하는 물거미를 찾는 일이었다.

🔺 꽃위에 알주머니를 달고 앉아 있는 닷거미—암컷은 구슬 모양의 알주머니를 위턱으로 물어 가슴판 아래에 지니고 다닌다.

물거미는 보통 거미와는 달라서 물 속에 집을 짓고 사는 이상한 습성을 가진 진귀한 거미이다.

처음 목적을 쉽게 성취한 나는 두 번째 목적도 잘 이루어질 것을 기원하면서 그 샘에 나 있는 하나하나의 물풀 속을 들여다보면서 걸었다.

그러다가 지름 2미터 정도 되는 작은 샘물의 가장자리에서 풀줄기를 타고 조용히 물 속으로 내려가는 한 마리의 거미를 발견한 것이다.

"물거미다!"

나도 모르게 승리의 함성 같은 소리가 입에서 새어 나왔다. 거미의 몸은 공기의 엷은 막으로 둘러싸여 있기 때문에 수은의 구슬처럼 비치고 있었다.

날개가 있는 곤충을 나무 잎사귀 위에서 발견한 것과는 달

🔻 닷거미의 다리에는 가시가 많이 나 있고 털다발이 있는데 마디에는 팬 자국이 있다.

리, 달아나 버릴 염려는 조금도 없었다. 거미는 성큼성큼 움직이고 있었으므로, 물고기나 새우처럼 잃어버릴 염려도 없었다.

그래서 나는 잠시 동안 거미의 상태를 관찰한 다음 천천히 그 집도 발견해 보려고 결심했다. 그러나 거미는 더 이상 숨어 있을 만한 어떤 곳으로도 가지 않았다.

2~3분 뒤, 이번에는 물풀을 타고서 위로 기어 올라가기 시작하였다. 그리고 수면에 다달아서는 거미의 몸을 둘러싼 공기의 막이 물 위의 공기와 이어져, 마치 구멍 속에서 나온 것처럼 거미가 물 위로 나타났다.

몸은 조금도 물에 젖어 있지 않았다. 그 곳에서 거미는 한숨 놓은 것 같았다.

나는 계속 보고 있었으나 거미는 좀처럼 물 속으로 들어가려고 하지 않았다. 그래서 시험삼아 포충망의 자루를 거미에 닿게 해 보았다. 그러자 거미는 물을 헤치고서 물 속으로 들어가더니 물풀을 타고서 아래로 아래로 내려갔다.

그런데 약 60센티미터 정도 내려가서는 또 가만히 있었다. 여기서 나는 다시 한 번 막대기를 이용하여 물 속에 있는 거미를 건드려 보았다.

거미는 움직이기 시작하더니 더 깊이 내려가 물 밑바닥에 도달하자 이번에는 풀을 떠나서 작은 돌멩이 위로 올라갔다. 그런 다음 거기서 다시 내려가 나뭇가지와 돌멩이와 물풀을 통과해서 샘물 속을 걸어갔다. 그리고 마침내 저쪽 언덕으로 가서 다시 풀줄기를 타고 위로 나왔다.

또다시 막대기로 닿게 해 보았으나 이번에는 물 속으로 들

🔺 방랑 생활을 하는 닷거미—늑대거미와 가게거미과의 중간형 특징을 가지고 있다.

어가지 않았다. 물 위를 건너서 언덕의 풀 사이로 달아나 어디론가로 숨어 버렸다.

그래서 나는 풀을 헤치고서 거미를 잡아서 작은 병에 넣었다. 자세히 살펴본 결과, 그것은 뜻밖에도 흔히 볼 수 있는 굵은줄닷거미였던 것이다.

닷거미가 논두렁 등에서 올챙이를 물고 있는 것을 가끔 볼 수 있다고 앞에서 말했는데, 사실은 거미가 어떻게 해서 올챙이를 잡는 것인지 그 광경을 본 일은 없다.

만일 닷거미가 정말 그렇게 한다면, 올챙이가 떼지어 수면 가까이를 헤엄쳐 다니거나 물가에서 조용히 햇볕을 쬐는 일이 있는데, 아마 이 때 닷거미가 살짝 내려가서 용케 잡을 것이라고 생각된다.

그렇다고 해도 올챙이는 물 속에 있기 때문에 이것을 잡기 위해서 거미도 물 속에 조금 들어가게 될 것이 틀림없다.

닷거미가 물 위에 다리를 벌리고서 그 다리 끝에 해당하는 수면에 조금 옴폭 들어간 곳을 만들어서 조용히 있는 것을 볼 수 있는 것도 결코 어려운 일은 아니다.

또 이 거미가 물 속을 걸어다닐 수 있는 것이나, 올챙이를 잡는 일이 있다는 것을 생각하면 기회만 있으면 그들이 물고기를 잡을 수 있음은 확실하다고 할 수 있다.

그러면 그들이 과연 물고기를 잡는 것인지, 또 잡는다고 하면 어떻게 해서 잡는지를 여러분이 한 번 조사해 보기 바란다.

그러기 위해서는 야외에서 참을성 있게 관찰하는 일이 필요하다. 또, 어항에 작은 물고기나 올챙이를 넣고 적당한 거미의 발판을 만든 다음 닷거미를 그 곳에 놓아 주고서 관찰하는 것도 좋을 것이다.

🔺 **물거미**—계곡을 돌아다니는 거미로 바위나 돌 위에서 머리를 물 속으로 향해 있다가 먹이를 발견하면 잠수하여 잡아먹는다.

닷거미의 이야기는 이것으로 마치겠는데, 또 하나 물고기를 잡을 만한 거미가 있다. 그것은 앞에서도 말한 깡충거미이다.

이에 대해서는 어떤 사람이 어항에 송사리를 기르고 있을 때 깡충거미가 다가와서 그 유리 뚜껑 위에 여러 번 달라붙었다고 기록하고 있는데, 실제로 잡을 수 있는지 또 어떻게 잡는지에 대해서는 역시 아직도 모르고 있다.

이것도 여러분의 연구 과제로 남겨 놓는다.

물거미

앞에서 물거미를 찾는 데 실패했다는 이야기를 한 바 있는데, 참고로 이 물거미의 생활 모습을 이야기하고자 한다.

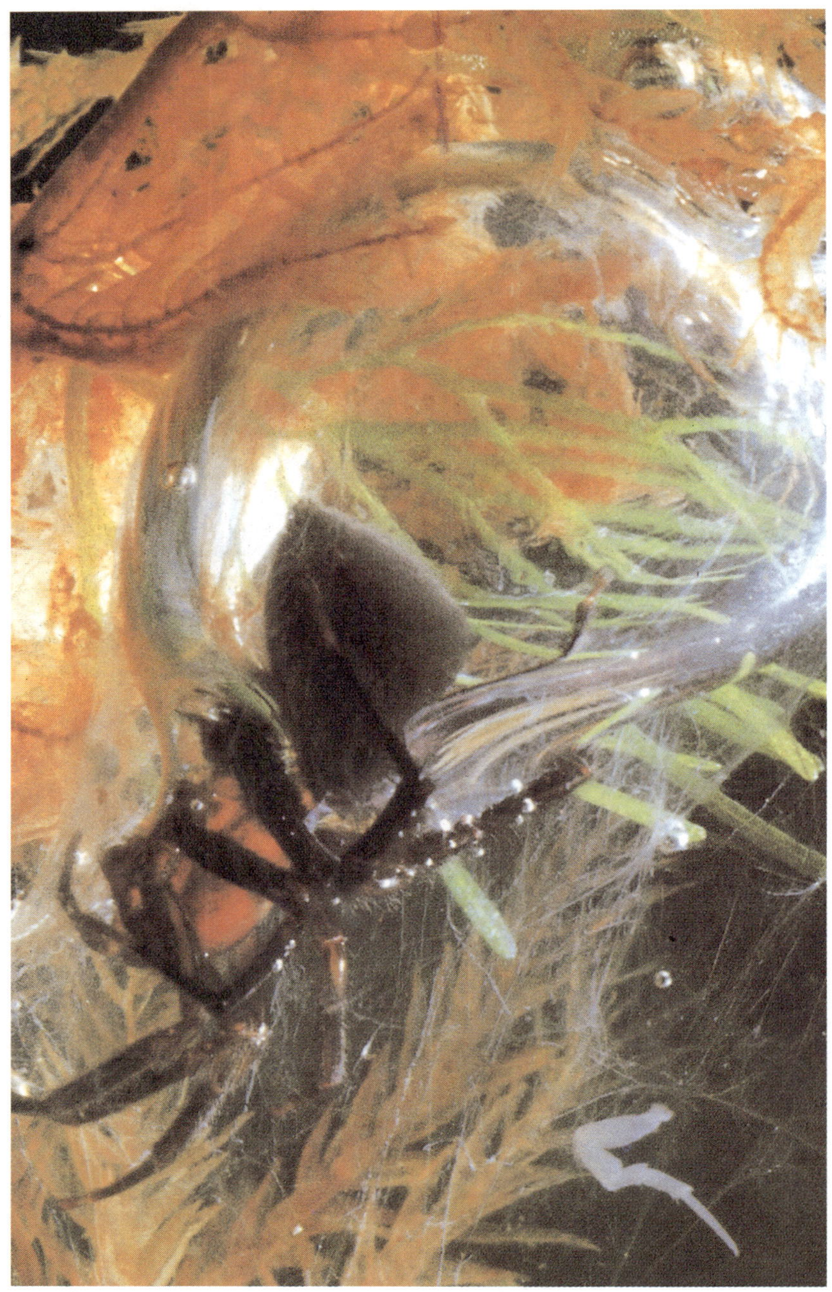

🔺 물풀 밑에 실로 집을 짓는 물거미—물 속에 사는 곤충을 잡아서 집으로 가져와 먹는 습성이 있다.

물거미의 모습은 닷거미와 비슷하며, 물 속의 풀 사이에 가게거미 그물과 같은 그물눈의 그물을 치고, 그 곳에 공기의 거품을 가져다 모아서 큰 공기의 공을 만들어 그 속에서 살고 있다.

거품을 그 곳으로 운반하는 데는 물의 표면까지 나가서 배 부분의 아래쪽과 가장 뒤쪽 다리의 전면에 나 있는 긴 털에 공기를 머금어, 뒤쪽에서 둘째 번의 다리로 양쪽에서 누르고 그 밖의 다리로 물을 저어 집으로 운반한다. 집에 다달으면 이 거품은 떨어뜨린다.

먹이는 주로 밤에 물 속의 벌레 등을 잡지만, 집까지 운반해 가서 먹는다고 한다. 알의 주머니도 물 속의 집 속에 매달아 두고 새끼도 그 곳에서 기른다.

이처럼 물거미는 언제나 물 속에서만 살고 결코 물 밖으로 나오는 일은 없다. 이 물거미는 외국에서는 일찍부터 잘 알려져 있는 거미이다.

● 먹이를 낚는 거미

다음에 이야기하는 것과 같은 이상한 벙법으로 먹이를 잡는 거미가 우리 나라에도 있는지에 대해서는 아직 확실히 조사되어 있지 않다.

그러나 이 거미는 매우 재미있는 종류이므로 여기서 말하기로 한다. 만일 우리 나라에서 이러한 거미를 발견한다고 하면 그것은 참으로 대단한 발견이 될 것이다. 그 거미의 이름을 임시로 털거미라고 하자.

털거미는 왕거미만한 크기이다. 그물을 칠 만한 몸집을 하고 있지만 그물은 치지 않는 종류이다.

그런데 이 거미는 그물을 치지 않으면서도 독나방을 잡아먹기 때문에, 어떻게 해서 날개가 있는 독나방을 잡는지 매우 궁금하겠지만, 학자들이 조사한 결과 털거미는 나방을 낚아서 잡는 것으로 알려져 있다.

그러면 어떻게 해서 낚는지 살펴보도록 하자.

처마 한 구석에 숨어 있는 곳에는 끈적이지 않는 씨줄로 발판줄이 무질서하게 만들어져 있다.

이 거미는 길이 4.5센티미터 정도의 줄을 아래로 늘어뜨리고 있다. 이 실의 끝에는 쌀알의 절반 정도 되는 투명하고도 끈적끈적한 공이 붙어 있는데, 털거미는 이 공이 붙은 줄을 앞발로 쥐고서 가만히 움직인다는 것이다.

이 공은 인간의 코로는 아무 냄새도 맡아 볼 수 없으나, 무엇인가 나방을 꾀어들이는 냄새가 있는 듯, 나방이 여기에 다가와서 날아다니면 끈끈한 거미줄에 달라붙게 된다. 그러면 곧 털거미가 줄을 끌어당기어 몸부림을 치고 있는 나방을 잡게 된다는 것이다.

털거미의 먹이 사냥 방법은 이처럼 줄 끝에 먹이를 꾀는 낚시밥을 붙여서 먹이가 이것에 걸려 들어오는 것을 기다려서 잡는 것이므로, 이것은 마땅히 먹이를 낚는 것이라고 할 수 있다.

이처럼 재미있는 생활을 하는 털거미는 우리 나라에는 살고 있지 않다. 그러나 거미의 세계는 매우 넓기 때문에 어쩌면 이와 같은 생활 습성을 가진 다른 거미가 우리 나라에도 있을지 모르는 일이다.

🔺 **먹이를 낚는 거미**—나뭇잎 사이에 거미줄을 치고 끝에 공이 매달린 것 같은 거미줄을 늘어뜨려 먹이를 잡는다.

● 새끼를 등에 업고 다니는 늑대거미

늑대거미는 모양이 아주 흉칙하다. 눈이 검기 때문에 더 흉하다. 거기에다 8개의 홑눈 중 6개가 번쩍번쩍 빛나고, 나머지 2개의 눈은 머리 꼭대기에 붙어 있어서 언뜻 보기에도 아주 무섭게 생겼다.

3센티미터 정도밖에 안 되는 이 거미는 알주머니를 실이 나오는 실구멍에 달고 다닌다. 알에서 새끼가 기어 나오면 새끼들은 모조리 등에 업고 다닌다.

늑대거미는 집을 짓지 않고 풀밭이나 건조한 모래밭을 옮겨 다니면서 먹이를 잡기 때문에 새끼들을 한 곳에 놔 둘 수 없어 새끼가 다 자랄 때까지 등에 업고 다니는 것이다.

🔺 늑대거미는 알을 싼 주머니를 엉덩이에 달고 다니다 새끼거미가 알에서 나오면 등에 태우고 걸어다닌다.

● 공처럼 굴러가는 금바퀴거미

아프리카 서부에 있는 나미비아 사막에 사는 거미는 위험에 부딪히면 공처럼 몸을 움츠리고 굴러간다.

이 거미의 천적은 말벌이다. 말벌이 습격해 오면 살짝 공중으로 뛰어올라 8개의 다리를 공 모양으로 움츠린 뒤 모래 언덕을 굴러 내려온다. 이 거미는 바퀴식으르 이동하는 동물로는 으뜸이다. 노란색 털이 햇빛을 받으면 금빛을 띤다고 해서 금바퀴거미라 한다.

이 거미의 크기는 100원짜리 동전 크기와 비슷하다. 8개의 다리는 길이가 모두 같아서 공 모양으로 쉽게 변할 수 있다. 그래서 가파른 모래 언덕에서 공 모양으로 굴러 내려올 때는 1초에 150센티미터의 속도를 낼 수 있다.

● 새끼에게 제 몸을 먹이는 애어리염낭거미

애어리염낭거미는 갈대나 억새잎을 꺾어 돌돌 말아서 집을 짓는다. 집 모양이 두루 주머니와 같다.

먹이를 잡기 위해서 밖으로 나올 때는 접은 갈대 잎이나 억새잎을 열고 나온다.

알을 낳는 시기는 7월 하순에서 9월 하순경으로, 주머니 모양의 집에 알을 낳는다. 알을 낳고 새끼가 깨면 어미는 새끼들을 위해 제 몸을 희생한다. 즉 알에서 갓 나온 새끼들은 어미에게 마구 달려들어 살점을 뜯어 먹는다.

이렇게 해서 애어리염낭거미는 스스로 새끼들의 먹잇감이 된 채로 조용히 일생을 마친다.

애어리염낭거미집은 볏잎을 3단으로 꺾어 접어서 만든다.

독립할 때까지 새끼를 보호하고 있는 어미애어리염낭거미

● 해충을 잡아먹는 논거미

논에서 벼멸구나 이화명충을 잡아먹는 이로운 거미가 있다. 등어리왕거미나 왜염낭거미들은 논에 사는 거미 종류의 하나이다. 이 거미들도 볏잎을 갉아먹는 해충을 잡아먹기 때문에 보호해야 한다.

그러나 요즘 농약을 마구 쳐서 벼논에서 이런 거미를 찾아보기란 매우 어려운 일이 되었다.

● 꽃 위에 숨어 있는 거미

게거미는 그물을 치지 않고 식물 위에서 산다. 벌레가 모이는 곳에서 가만히 기다리고 있다가 먹이를 잡는 것이다.

달콤한 꿀이나 꽃가루가 있는 꽃에는 여러 가지 벌레들이

▲ 논에 가장 많이 있는 등줄붉은가슴거미

모여든다. 그 곳에 게거미들이 숨어 있는 것이다.

게거미는 몸색깔이 꽃이나 잎의 색깔과 비슷해서 눈에 잘 띄지 않는다. 긴 앞다리를 펼친 채 꽃잎 위나 뒤에 숨어서 곤충이 오기를 기다린다.

곤충이 다가오면 살며시 다가가서 재빠르게 덮친다. 큰 곤충이 오면 게처럼 옆으로 기어서 꽃잎 뒤로 숨어 버린다.

● 헤드라이트 눈을 가진 깡충거미

깡충거미는 8개의 눈이 3줄로 나누어져 있는데, 앞줄 4개의 눈은 머리 끝에 붙어 앞을 향하고 있다. 가운데 2개의 눈은 특히 자동차 헤드라이트 모양으로 아주 크다.

이 두 눈으로 먹이를 찾으면 주위를 살펴보고 몰래 다가가 먹이에서 조금 떨어진 곳에서 펄쩍 뛰어서 엄니로 먹이를 문다. 나머지 3개의 눈은 뒷줄에 있다.

▶ 파리를 잡은 털보깡충거미— 헤드라이트처럼 앞을 향해 붙어 있는 큰 눈으로 먹이를 찾는다.

▼ 깡충거미의 머리는 먹이의 움직임에 따라 재빠르게 움직인다.

🔺 호랑거미가 거미줄에 걸린 잠자리를 발견하고 실을 던지고 있다.

● 덫을 치고 기다리는 호랑거미

호랑거미는 몸색깔이 호랑이처럼 얼룩덜룩하다.

호랑거미는 먹이를 잡기 위해 나뭇가지 사이나 풀 사이, 또는 인가의 처마 밑 등에 수직의 둥근 커다란 거미줄을 친다.

호랑거미는 그물의 중앙에 다리를 2개씩 가지런히 놓고 가만히 먹잇감을 기다린다. 잠자리 같은 벌레가 거미줄에 걸리면 재빠르게 다가가서 실을 던진 다음 먹이를 문다.

물린 먹이가 마취되면 호랑거미는 마취된 먹이를 빙빙 돌면서 거미줄로 친친 감은 다음 마음놓고 먹이를 맛있게 먹는다.

이 호랑거미는 날이 밝으면 거미줄을 재빨리 걷는 습성이 있다. 그러나 흐린 날에는 낮에도 거미줄을 치기도 한다.

주머니 집을 가진 땅거미

땅거미의 집은 실로 만든 길쭉한 주머니처럼 생겼다. 땅 속에 사는데 돌 밑에다 지은 대롱 모양의 집의 3분의 2는 땅 속에 있고, 나머지 3분의 1은 땅 위로 뻗어서 돌이나 나무 뿌리에 달라붙어 있다.

다른 벌레가 땅거미의 집을 건드리면 그 진동을 느낀 땅거미가 주머니 속을 기어 올라와 주머니 속에서 날카로운 엄니로 먹이를 물어 버린다.

먹이가 힘이 빠지면 주머니 속으로 끌어 넣고는 뚫어진 주머니를 고치고 나서 땅 속에 있는 집으로 끌고 가 천천히 먹는다. 땅 위로 뻗어 있는 주머니가 그물 구실을 하는 것이다.

● 살아 있는 화석, 문닫이거미

　문닫이거미는 오래 된 화석에 있는 거미와 비슷한 원시적인 거미이다. 등에는 다른 거미에서는 볼 수 없는 마디의 흔적이 남아 있다.

　문닫이거미는 커다란 위턱과 다리로 땅을 판다. 실을 발라 만든 구멍의 뚜껑 색깔은 주변의 땅과 비슷하다. 낮에는 벼랑에 파 놓은 구멍 속에서 가만히 있다가 밤이 되면 문을 조금

🔺 문닫이거미―구멍 속에 가만히 있다가 밤이 되면 문을 조금 열고 먹잇감이 다가오기를 기다린다.

🔺 열대 아메리카에 사는 가장 독이 많은 검은이끼거미

열고 먹이를 기다린다.

머리 위에 있는 눈으로 지나가는 벌레를 보면 재빠르게 뛰어나가서 날카로운 엄니로 잡는다.

● 독을 가진 거미

대부분의 거미는 독을 가지고 있다. 그러나 인간에게 해를 끼치는 독을 가진 거미는 그리 많지 않다.

세계에서 가장 강한 독을 가진 거미로는 과부거미·이끼거미·깔때기거미가 있다. 물리면 신경이 마비되어 사람도 죽는 수가 있다. 실거미와 애어리염낭거미도 독이 있다.

다행히 우리 나라에는 독거미가 한 종도 없다.

● 거미의 적

여러분 중에는 여기까지 읽는 동안에 이미 여러 가지를 조사한 사람이 많을 것이라고 생각한다.

그리고 이 책에 없는 것도 더욱더 많이 조사해 보기 바란다. 여기서 또 한 가지 추가해서 말할 것은 거미의 천적에 관한 것이다.

거미의 천적으로는 개구리·두꺼비·새, 그리고 같은 거미류 등이 있다. 거미들은 위험이 닥치면 대부분 거미줄을 타고 먼 곳으로 도망간다. 어떤 거미는 죽은 척하면서 적을 속이기도 하고, 어떤 거미는 스스로 자기 다리를 잘라 내어 적의 주의를 분산시킨 후 도망치기도 한다.

이런 방법은 허물을 벗기 전에만 사용하는데, 이는 허물을

🔺 대모벌이 거미에게 침을 쏜 후 더듬이다리를 만져서 거미가 완전히 마비되었는지를 확인하고 있다.

🔻 긴호랑거미를 공격하는 대모벌

벗어야만 새로운 다리를 얻을 수 있기 때문이다.

대부분의 거미는 보호색을 가지고 있으며, 보통 밤에 활동한다. 그러나 몇몇 거미는 낮에 활동하기도 한다.

그러나 여러분이 관찰을 통해 이미 친근해져 있는 왕거미를 비롯하여, 호랑거미·긴호랑거미·닷거미·독거미 등의 사냥꾼에 이르기까지 거미를 모조리 잡아먹어 치우는 놀랄 만한 대적이 있다.

그 대적은 다름 아닌 대모자루맵시벌이라고 하는 벌의 무리이다. 이 벌은 거미만을 노리는 전문 사냥꾼이다.

이 벌은 한 마리씩 살고 있는 사냥벌 무리인데, 그 종류도 매우 다양하다.

자라 껍데기 색깔의 깨끗한 날개를 가진 20밀리미터 정도의 대형인 것과, 전체가 검은 색깔의 소형인 것 등 여러 가지가 있다.

이 벌은 거미의 주위를 날면서 조금씩 공격했다가 다시 후퇴하기를 되풀이함으로써 거미를 약올린다. 그러면 거미는 화가 나서 실을 뿜어 내지만 대모벌은 잽싸게 날아서 피한다.

결국 화가 난 거미는 대모벌에게 덤벼들다가 그만 땅으로 떨어지게 되는데, 이 때를 틈타서 대모벌은 거미의 목덜미에 독침을 놓는다.

싸움에서 이긴 대모벌은 거미의 더듬이다리를 건드려서 움직이지 않는지를 확인하거나, 거미의 체액을 약간 빨아먹음으로써 마취 상태를 확인하며 싸우느라 빠진 힘을 보충하기도 한다.

벌의 독침은 어느 벌이나 수컷에게는 없고 암컷에게만 있다. 거미를 사냥한 대모벌 역시 암컷이다.

이처럼 암컷에만 독침이 있는 까닭은 알을 낳는 데 쓰이는 산란관이 오랜 세월이 흐르면서 독침으로 변화되었기 때문이다. 그래서 수벌은 손으로 건드려도 쏘이는 일이 없다.

이렇게 해서 먹이를 잡은 대모벌은 거미를 자기 집으로 끌고가서 거미의 뱃속에 알을 낳는다. 그러면 거미 뱃속에서 깬 대모벌 새끼들은 거미의 내장을 파먹고 자라게 된다.

대모벌 새끼들이 다 커서 나올 때까지 이 거미는 죽지 않고 살아 있다. 다만 마취되어 있을 뿐이다.

이 대모벌은 끈적거리는 거미줄 위에서도 늠름하게 건너가며, 또 거미가 아래로 떨어져 움직이지 않아도 그러한 사실을 미리 알고 있다.

뿐만 아니라, 굴에 사는 독거미 등이 이빨을 내놓고 버티고 있어도 겁내는 일 없이 침입한다. 일단 이 벌에 쏘이게 되면 움직이지 못하게 되고, 마침내 벌집으로 운반되어 새끼벌의 먹이로 되어 버린다.

이와 같은 대모벌의 생활도 매우 흥미로운데, 이에 대해서는 여러분이 한 번 자세히 조사해 보기 바란다.

여기서는 거미에게도 이와 같이 무서운 적이 있다는 것을 말해 놓을 뿐이다. 여러분이 거미의 생활을 조사하는 동안에 혹시 이 벌을 만나게 될지도 모르는 일이기 때문이다.

인지생략
판권본사소유

거미의 생활

2002년 12월 10일 2판 1쇄 발행
2004년 3월 10일 2판 2쇄 발행

엮은이
학생과학문고편찬회

펴낸이
조 병 철
펴낸곳
한국독서지도회

경기도 파주시 교하읍 문발리 출판단지 507-11
TEL (031)955-8500 · FAX (031)955-8447
출판등록:1997년 4월 11일 (제 406-2003-016호)